璀璨星辰丛书·科学家的故事

蝉鸣诱发的兴趣

CHANMING YOUFA DE XINGQU

沈芬 / 著

河北出版传媒集团

河北教育出版社

图书在版编目（CIP）数据

科学家的故事, 蝉鸣诱发的兴趣 / 沈芬著. -- 石家庄：河北教育出版社, 2020.9
（璀璨星辰丛书）
ISBN 978-7-5545-5990-1

Ⅰ.①科… Ⅱ.①沈… Ⅲ.①科学家－生平事迹－世界－青少年读物 Ⅳ.①K816.1-49

中国版本图书馆CIP数据核字(2020)第164262号

书　　名	科学家的故事
	蝉鸣诱发的兴趣
作　　者	沈　芬
策　　划	董素山　王书华
责任编辑	刘书芳
装帧设计	李　奥
出版发行	河北出版传媒集团
	河北教育出版社　http://www.hbep.com
	（石家庄市联盟路705号，050061）
印　　制	石家庄联创博美印刷有限公司
开　　本	787mm×1092mm　1/32
印　　张	6.375
字　　数	116千字
版　　次	2020年9月第1版
印　　次	2020年9月第1次印刷
书　　号	ISBN 978-7-5545-5990-1
定　　价	25.00元

版权所有，翻印必究

榜样的力量

蒋 风

人类的文明和进步离不开科学的发明和发现，离不开科学技术的进步。古今中外，众多的科学家、发明家就如天空中灿烂的星辰，光芒永存。而发明和发现的萌芽，其实源于青少年时代的勤奋和好奇。

《璀璨星辰丛书——科学家的故事》讲述了古今中外一百五十多位科学家成长的故事以及每位科学家科学成就的闪光点，目的在于启迪少年儿童爱科学、学科学、学习科学家崇高的品格和学养，将来成为国家科学事业的接班人，为国家的富强、人民的幸福、中华民族的伟大复兴贡献自己的力量。

这一百多位科学家中包括了古今中外天文地理、数学物理化学、动植物、农业科学技术、医药卫生、军事科学、航天航空等各行各业各个领域的杰出代表。故事是按时代顺序编排的。如《龙嘴吐铜球，蛤蟆用口接——中国东汉时期科学家张衡的故事》《一位科学巨匠的坎坷之路——意大利科学家伽利略的故事》《捕捉"天火"的人——美国科学家富兰克林的故事》《他为中国安上了"天眼"——天文学家、"天眼"总工程师南仁东的故事》等等。

　　沈芬是我的学生，她出身于教育世家，不忘初心，牢记使命。自从事教育工作那一天起，作为一名园丁，就一切都为孩子们的成长着想；从事写作以后，依然如此。因为孩子们的健康成长是她的使命，使命不是一句空话，一定要践行。她写完《红海棠丛书——沈芬科学童话集萃》后，又马上拿起笔，用6年的时间写了150多篇科学家的故事，各种杂志已经相继刊登了100多篇，可见多么受孩子们的欢迎，现在结集出版是适应社会的需求。

　　榜样的力量是无穷的。中科院院士、桥梁专家、教育家唐敖庆，就是少年时期一次在《大公报》上读到了大名鼎鼎的化学家、中国化学学科奠基人、教育家曾昭抡的故事，受到激励，从而走上学科学之道路的；美国科普作家阿西莫夫少年时期，一本关于"发明大王"爱迪生的故事使他着了迷，他一边读一边想，爱迪生几乎是天天在琢磨发明，为什么我不能！这本书给了他无穷的力量，带他走进了科学的殿堂，并走上了写作之路。这样的例子比比皆是。

　　每位科学家都有着各自的成长道路，从小也有不同的兴趣，这时的关键是自己的信心、耐心、坚持并有人引导；在科学探究的道路上，更是充满荆棘、坎坷不平，这时的关键是勇气、坚韧、不达目的决不罢休的决心。

比如《30年后的再相会》一文讲的就是中国工程院院士、船舶制造专家黄旭华的故事。少年时期一直流浪求学、不停地躲避敌机轰炸的遭遇，让中学时的黄旭华开始思考这个支离破碎的国家：为什么日本军队那么疯狂，想登陆就登陆、想轰炸就轰炸？为什么中国人不能生活在自己家乡，而是到处流浪？为什么祖国那么大，却连一个摆放课桌安静读书的地方都找不到？这究竟是为什么？何时才能与家人再相会？从而立志走上了学造船、救中国的科学之路。

再如《着迷那些小草》，她默默研究几十年，经过190多次反复试验，终于从草药中提取了治疗疟疾的新药——青蒿素，拯救了地球上几百万病人的生命。她就是2015年诺贝尔生理学或医学奖获得者、中国中医研究院终身研究员兼首席研究员、药学家屠呦呦。

《妈妈，我要到月亮上去》讲的是美国航天员、登上月球第一人阿姆斯特朗的故事……

一篇篇科学家的故事，展现出科学家从小的成长过程，展现出无数精彩的片段及主要的科学成果，篇篇楚楚动人、引人入胜。广大青少年读者一定会喜欢这套书。

当代少年正在追寻科学家、发明家的足迹，大家读了《璀璨星辰丛书——科学家的故事》,一定会以科学家为榜样,学习科学家的精神,学习科学家的崇高品质,学习科学家的学养,把自己培养成为国家的有用人才,接过老一代科学家手中的接力棒,为把我们的祖国建设得更加富强、美好,为中华民族的伟大复兴奉献自己的青春和智慧。

2020年2月12日　于浙江金华

目 录

明德励志　献身科学（1909—1968）
中国科学院院士、物理学家郭永怀的故事……………………001

捐资助学　旨在育人（1910—1992）
中国科学院院士、物理学家张文裕的故事……………………009

"问物几何？" "23！"（1910—1985）
中国科学院院士、数学家华罗庚的故事………………………015

感恩救助　立志学医（1910—1988）
医学博士、国家卫生事业的先驱马海德的故事………………023

"自然之书" "绿色宝石"（1910—1981）
中国植物学家蔡希陶的故事……………………………………030

叠折飞镖　向往太空（1911—2009）
中国两院资深院士钱学森的故事………………………………038

妈妈的一碗米线（1911—1979）
中国天文学家戴文赛的故事……………………………………046

薇薇小姑娘　健雄做女杰（1912—1997）

华裔美国物理学家吴健雄的故事……………………………054

奇而不怪　为国立志（1912—2010）

中国科学院院士、科学家、教育家钱伟长的故事………… 061

献身桥梁工程的教育家（1913—2005）

中国两院资深院士、工程教育家李国豪的故事……………070

"山猫"球队的"三强"绰号美名传（1913—1992）

中国科学院院士、核物理学家钱三强的故事………………077

"中国的居里夫人"（1914—2011）

中国科学院院士、核物理学家何泽慧的故事………………085

披荆斩棘　创新前行（1915—2011）

中国两院资深院士、"中国光学之父"王大珩的故事………093

蝉鸣诱发的兴趣（1915—2012）

中国科学院院士、声学泰斗马大猷的故事………………… 102

精忠报国　攻坚克难（1915—2007）

中国科学院院士、"两弹一星"功勋科学家彭桓武的故事… 107

榜样的力量（1915—2008）

中国科学院院士、"中国量子化学之父"唐敖庆的故事……116

小行星照射小石头（1916—2013）

中国科学院院士、植物学家吴征镒的故事………………… 123

古丝绸之路上的"医学大树"（*1919—2014*）

中国工程院院士、医学家葛宝丰的故事……………… 131

从认方字块开始（*1922—*）

中国科学院院士、物理学家杨振宁的故事……………… 138

生于海滨　献身海洋生物科学（*1922—2012*）

中国科学院院士、海洋生物学家刘瑞玉的故事………… 144

最初看星星　最后"变星星"（*1923—*）

中国科学院院士、天文学家王绶琯的故事……………… 151

数学天分的充分发挥（*1923—2014*）

中国科学院院士、计算机专家夏培肃的故事…………… 159

我一定要学科学（*1924—1986*）

中国科学院院士、核物理学家邓稼先的故事…………… 166

火箭专家的小故事（*1924—2016*）

中国科学院院士、火箭系统控制专家梁思礼的故事…… 174

造核潜艇　建核电站（*1925—*）

中国工程院院士、核动力专家彭士禄的故事…………… 182

大手攥小手　紧紧握拳头

（代后记）……………………………………………… 189

明德励志　献身科学
（1909—1968）

中国科学院院士、物理学家郭永怀的故事

1999年被国家授予"两弹一星"功勋奖章的科学家群体中，有一位唯一获得"烈士"称号的科学家，他在31年前永远离开了他深深爱着的事业、深深眷恋的祖国和亲人。他就是中国科学院学部委员（院士）、中国力学奠基人和空气动力研究的开拓者、核武器研究院副院长——郭永怀。郭永怀有着怎样的青少年时期，又有着怎样使人动容的事迹呢？

明德励志　勤奋读书

郭永怀，1909年4月4日出生于山东省荣成市滕家集镇。

郭家世代务农，父亲郭文吉粗通文墨，教子心切。小永怀刚记事起，父亲就教他一些儿歌、俚语等，以示启蒙。1918年，9岁的郭永怀到三叔郭文秀开办的学堂里读书识字。民国初年（1912）新学盛行，学堂除了传统的《三字经》《千字文》等国学，已经引进了自然科学常识等课程。小永怀对所学功课非常用心。他牢记父亲的"玉不琢，不成器。人不学，不知义""蚕吐丝，蜂酿蜜。人不学，不如物"等教诲。

1922年，郭永怀到濒临黄海的石岛镇明德小学就读高小。明德小学非常重视学生的道德教育，如仁义礼智信，国家兴亡，匹夫有责等，要求学生牢记在心，长大好做家庭和国家的主人，将来对家和国要有所担当。学校同时重视现代科学知识的传授，如数学、自然、史地等，并告诉学生要学以致用。小永怀虽然还在懵懂之中，却将这一切融入心底。

1926年，郭永怀以优秀的成绩考取青岛大学附属中学。中学时代的他，更加刻苦努力，如饥似渴地学习各门功课，尤其对数理化兴趣更浓。1929年夏，他进入南开大学预科班，由于勤奋好学，所以总是名列前茅。他还跟同学组织了一个新颖的读书会——微社，切磋砥砺，钻研学问。

1931年，郭永怀转入本科，攻读物理。由于他对光学更感兴趣，于1933年转到北京大学物理系学习。1935年毕业后，他留校任助教兼做研究工作，曾和吴大猷等一起研究过拉曼效应。抗日战争爆发后，郭永怀曾回家乡威海任教。1938年威海沦陷，他又辗转到昆明西南联合大学半工半读，研究过湍流理论。他先后得到过顾静薇、饶毓泰、周培源等教授的指导，因此具备了坚实的数学、物理基础，也确立了"科学救国"的思想。

留学海外　积累本领

1939年，郭永怀以优异成绩考取了"英庚款"留学生，经过一些波折，于翌年9月到加拿大多伦多大学，在应用数学系主任辛格指导下从事研究，其出色的工作受到导师辛格的赞赏，仅以半年时间就获得了硕士学位。1941年5月，他又来到当时国际空气动力学的研究中心——美国西岸加州理工学院航空实验室，在航空大师卡门教授的指导下工作，并主动提出要进行当时空气动力学的前沿问题——跨声速流下连续解的研究，于1945年获得博士学位。

在留学期间，由于他本人的刻苦努力，加上名师指导和良好的研究环境，为他以后的研究工作取得丰硕成果奠定了更坚实的基础。

1946年，西尔斯在康奈尔大学创办航空研究院，特聘郭永怀前去参加业务领导工作，历任副教授、教授之职。在此大学的10年，是郭永怀从事科学研究的黄金时期。他着重对跨声速理论与粘性流动进行了深入的研究，先后发表了许多重要文章，解决了重大理论问题。与此同时，为了解决边界层的奇异性，他改进了庞加莱、莱特希尔的变形参数和变形坐标法，发展了奇异摄动理论。为此，钱学森于1955年在杂志上发表文章，将这一方法命名为PLK方法。值得一提的是，郭永怀在20世纪50年代初就注意到离超声速流动这一方向，研究了高超声速激波边界层干扰和离解效应。总之，郭永怀因在空气动力学与应用数学中的研究成果而驰名世界。

在国外工作期间，郭永怀一直在等待机会，要用他的科学知识为祖国服务。抗美援朝战争结束后，在中国政府的努力下，这个机会终于出现了。这时，郭永怀毅然放弃了国外的优越条件与待遇，于1956年11月回到了阔别16年的祖国，并立即投身于轰轰烈烈的社会主义建设事业。

担当重任　献身科学

回国后，他把主要精力放在组织、领导力学与国防科研上，并先后担任了中国科学院数学物理化学部学部委员、力学研究所副所长、二机部九院副院长、中国科学技术大学化学物理系主任、国防科委空气动力学专业组成员和空气动力学研究院筹备组副组长、中国航空学会副理事长等职。

1956年，郭永怀参加了制定"国家科学技术发展十二年规划"，担任了力学专业副组长，负责分析国际上力学研究的动向，并根据我国的国情，制定出学科近期发展规划与远期奋斗目标，确定高等学校力学专业的培养目标与课程设置，为我国随后若干年的发展方向确定方针大计。该项规划的实施，使我国的力学研究从解放初期只有少量理论工作的状况，发展到能够通过现场测试、大型实验、数值模拟和理论分析等多种手段进行重大项目研究的现代力学阶段。

同时他身体力行，倡导高超声速流动、电磁流体力学和爆炸力学等新兴领域的研究。他亲自参加力学所电磁流体组每周一次的学术讨论会；20世纪60年代初，他组织了北京地区高超声速讨论班；他指导研究生从事这些新方向的理论与实验研究；对于新学科方向的发展，他提出了许多重要思想和精辟的见解。

郭永怀对于国防工业和科研的贡献是多方面的，涉及许多重大的项目。从1957年11月4日，苏联发射第一颗人造卫星起，他就参加了中国科学院星际航行座谈会，大力倡导我国要发展航天事业，并就许多技术问题，如运载工具、推进剂、姿态控制、气动力、气动热等发表了许多重要见解和主张。

随后，当研制人造卫星提到议事日程上时，郭永怀参加了人造卫星研究院的领导工作,并和钱学森一起为该院规划了蓝图,为以后空气动力学研究发展中心的建设奠定了基础。为了发展我国的"两弹"事业,郭永怀更是呕心沥血,多次赴现场参加准备工作,从理论到实践,都做出了重要贡献。

从外貌看,郭永怀身体瘦弱,未过半百便已双鬓斑白,平时不苟言笑,总爱沉思。但他工作起来,精力却是超人的。1963年迁往海拔3000米以上的青海基地后,他与许多同事都有着高原反应。为了及时研究新情况,郭永怀频繁往来于北京和基地之间,而每一次又会增加身体的不适应,严重损害了健康。有人劝他少跑一些,他为了工作全然不顾。而在生活上,他的简朴也是出了名,一支钢笔从中学时代竟一直使用到牺牲。

为国捐躯　精神永存

1968年12月初,郭永怀在青海基地发现一些重要数据,因急于赶回北京研究,便搭乘了夜班飞机。12月5日凌晨,飞机飞临北京机场,距地面约400米时突然失去平衡,并偏离跑道,扎向1公里外的苞米地,瞬时腾起一团火球……当人们从机身残骸中寻找到郭永怀时,吃惊地发现他同警卫员牟方东紧紧抱在一起,而烧焦的两具遗体被吃力地分开后,二人胸前的绝密公文包竟完好无损……

在生命将尽的险情瞬间,郭永怀想到的只是用身体去保护对国家有重要价值的科学技术资料!

此情此景,无人不为之动容。得知飞机失事的消息后,他的夫人李佩教授,伫立在窗前默默无语,长时间地凝视着远方。那一年,郭永怀年仅59岁。就在22天后,我国第一颗热核导弹试验成功。同年12月25日,国家内务部追认郭永怀和他的警卫员为烈士。

如今,在我国空气动力中心大院的松林山上建有一座纪念亭,上面刻着张爱萍将军所书的三个大字——永怀亭。

郭永怀的生活年代恰逢我们国家沧桑巨变的60年,也是人类从莱特兄弟第一次飞行到美国阿波罗登月,跨入空间时代突飞猛进的60年。郭永怀为我国的力学事业,也为人类的航空航天事业奉献了毕生的精力。他的学术成就和高尚品德是每个中国人值得引以为豪的,而他的精神更值得广大青少年学习和继承。

为纪念郭永怀及其夫人李佩对我国科研和教育事业的伟大贡献,在中国科学技术大学60周年校庆来临之际,中国科学技术大学和中国科学院紫金山天文台联合向国际天文学联合会提出了小行星命名申请,提议将2007年10月9号由紫金山天文台盱眙观测站近地天体望远镜发现的两颗小行星,以郭永怀、李佩

佗俪的姓名命名。经国际天文学联合会所属的小天体命名委员会讨论通过，国际小行星中心正式发布了命名公告。2018年7月21日，编号为212796号的小行星被永久命名为"郭永怀星"，编号为212797号的小行星被永久命名为"李佩星"。郭永怀、李佩夫妇的名字，被永远镌刻在广袤星空。

　　小行星的命名是一种崇高的国际荣誉，一般只授予对国家的经济、社会、天文等事业做出过重大贡献的单位或个人。此次"郭永怀星"和"李佩星"的命名，将进一步激励广大科研工作者以郭永怀和李佩为榜样，笃行科教报国之志，为实现中华民族伟大复兴的中国梦贡献智慧和力量。

捐资助学　旨在育人

（1910—1992）

中国科学院院士、物理学家张文裕的故事

他是发现"张原子"的科学家，是我国宇宙线研究和高能实验物理的开创人之一，毕生致力于原子物理、宇宙线理论的研究和教学，有多项重要发明和发现，为我国高能物理的发展、北京正负电子对撞机的建成奠定了坚实基础，并在核物理领域培养了大批人才。他就是张文裕。张文裕的成才之路是怎样的呢？

家境贫寒　读书真难

张文裕，1910年1月9日出生在福建省惠安县一个农民家庭。他小时候在本村念了2年私塾后，又到外村念了4年小学，因为家境贫寒，也只能一边劳动，一边读书。

1923年，张文裕考取泉州培元中学。由于生活重压，父亲要他回家务农，并准备替他娶亲成家。张文裕违抗父命，继续在校读书，从此被断绝经济来源。

为了积攒继续求学的费用，他只得中途退学，当了半年小学教师，白天教书，晚上自学。新学期开始后，他参加补考，结果门门功课优秀。高中毕业时，张文裕由于辍学半年，按校方规定没有拿到毕业文凭。

中学校长许锡安出于惜才之心，写了一封信给在燕京大学物理系任主任的老同学谢玉铭教授，推荐张文裕投考燕京大学。

中学的老师、同学为他赴京投考，凑了20元路费。但是，当张文裕登上北去的海轮，辗转到达北京时，考期已经错过。

谢教授为张文裕的求学精神所感动，先介绍身无分文的张文裕到一家皮革厂当学徒，好有一点儿微薄收入，接着又为他争取到补考的机会。一个月后，张文裕以优异成绩被燕京大学物理系录取。

打工挣钱　奋发攻读

在燕京大学读书的几年里，是他一生中最穷困的时期。由于缺少伙食费，常常食不果腹；因交不起住宿费，只能和几个穷同学住在宿舍楼顶用于堆放行李、杂物的小阁楼里。

为了挣钱糊口和交纳学费，他只得付出比别人加倍的勤奋，一边打工，一边读书。

大学4年，他一直在勤工俭学。他在学校的果园里干过杂活儿，帮老师改过卷子，帮低年级的学生补过课，当过家庭教师。暑假里，他把铺盖送进当铺换些钱作路费，到内蒙古河套一带的开渠工地打工挣些钱，以维持生活和学业。

由于他吃苦耐劳，聪慧过人，学习成绩一直优秀，深得谢玉铭教授喜爱，在大学四年级时，就让他兼任助教。

1931年，张文裕大学毕业留校读研究生，两年后获硕士学位。

对于青少年时代的生活磨难，张文裕自有独特的感悟："生活清苦没什么，重要的是有所追求；人间的冷眼也没什么，关键在于要有志气。"为了科学，他经历了人间的种种苦楚；正是科学，使他尝到了无穷的乐趣。他决心走科学救国之路。

海外留学　　只为救国

1934年，张文裕考取"英庚款"留学生，到英国剑桥大学留学，在该校卡文迪什实验室攻读博士学位，导师是该实验室主任、著名物理学家卢瑟福。

1937年，国内抗日战争爆发，南京失陷，日本侵略者大肆屠杀中国人民，无恶不作，这些消息在英国报纸上均有详细报道。当时在剑桥的几个中国同学义愤填膺，迫切要求回国参加抗日，"英庚款"董事会回信说要求先完成学业，取得博士学位。1938年春天，张文裕通过考试获得博士学位。

为了回国后能参加抗战工作，张文裕又经国内防空学校教务长介绍，到柏林AEG工厂自费学习探照灯技术，后立即动身回国。

他原希望能到防空学校工作，以便直接参加抗战救国。到了贵阳，才知道防空学校已经搬迁。因此张文裕于1939年2月先去四川，而后应南开大学之聘到西南联合大学任教。在昆明这段时间，他讲授的原子核物理课程得到学生们的好评，讲课之余还尽力创造条件做些研究工作。但当时物价飞涨，师生们都吃不饱饭，教学和科研工作十分困难。报国无门，他感到失望。1943年，应美国普林斯顿大学的邀请，张文裕赴美国继续从事核物理研究和教学。

普林斯顿大学的帕尔麦实验室（后改名为亨利实验室）是美国历史最悠久的实验室之一，许多美国老一辈著名物理学家曾在这个实验室工作过。张文裕在这个实验室工作了7年，在研究过程中发现了 μ 介子，从而开创了关于奇异原子领域的深入研究。

张文裕是世界上第一个证明 μ 介子是一种非强相互作用粒子的科学家。他还发现，带负电的慢 μ 介子，在与原子核作用时，会形成 μ 介子-原子，并产生电磁辐射。因此，μ 介子-原子被命名为"张原子"，它的辐射被命名为"张辐射"。

辗转回国　无私奉献

中华人民共和国成立的消息传到美国，张文裕积极准备回国，但因夫人王承书临近分娩而稍有耽搁。当时，张文裕由于参加了"全美中国科学家协会"的筹建，后来又担任了协会执行主席，因此受到美国联邦调查局的注意。为了避免纠缠，不少朋友劝他们夫妇加入美国籍，但他始终坚定地说："要入美国籍，何须到今天！我们生为中国人，回国的信念是不会变的。"1956年，张文裕夫妇克服重重困难，终于带着6岁的儿子回到了祖国的怀抱。

他被任命为中国科学院原子能物理研究所副所长，协助钱三强领导基本粒子的研究工作。他还担任苏联杜布纳联合会核子研究所的中国组长。几十年来，他对祖国的原子物理、宇宙线理论、粒子物理研究等做出了许多贡献。

曾是福建农村穷孩子的张文裕，和夫人王承书都是中国科学院院士，也都是物理学家。这对院士夫妇，把毕生的精力和才智都无私地献给了祖国的科学事业。

张文裕一生十分关心祖国的基础教育。他经常说，一个国家国民素质不提高不行，科学和教育是不可分的，没有很好的教育，科学事业将后继无人，国家也难以强盛。

1992年11月5日，张文裕走完了他的人生历程。

弥留之际，他向夫人王承书一再嘱托要履行他们的共同约定：不为儿孙留任何遗产，将他们一生的积蓄全部捐给"希望工程"。悲痛万分的王承书哽咽着点头答应，张文裕这才溘然而去，享年82岁。

张文裕去世后，他的夫人王承书和儿子张哲，根据其遗愿，毅然将他们节俭一生的积蓄，捐献给了"希望工程"和资助家乡的教育事业。

1994年6月18日，王承书因病治疗无效，在北京逝世，享年82岁。

张文裕、王承书夫妇真正做到了："捧着一颗心来，不带半根草去。"

"问物几何？" "23！"

（1910—1985）

中国科学院院士、数学家华罗庚的故事

华罗庚是一位在国内外享有盛誉的数学家。外国媒体评价说，华罗庚教授的研究著作范围广泛，堪称世界上名列前茅的数学家之一。

华罗庚曾任中国数学会理事长、中国科学院学部委员（院士）等，主要著作有《堆垒素数论》《数论导引》《统筹学平话》《优选法平话》等。

"阔教授"生活

抗日战争期间，华罗庚曾经担任昆明西南联合大学教授，那时的生活十分清苦。晚上点着如豆的油灯，为了节省点儿菜油，尽量把灯芯捻得细细的、小小的，还得注意苍蝇、蚊子、老鼠等来袭。在这样的条件下，华罗庚写出了60万字的名著《堆垒素数论》，因当时在国内无法出版，后来在苏联出版了。

之后华罗庚应美国伊利诺伊大学邀请，到那里当教授。当时，伊利诺伊大学以1万美元年薪与华罗庚签订终身聘约，还为他配备了4个助手、1个打字员，住处配有4间卧室、2间浴室以及可容纳五六十人进行学术研讨与举行酒会的大客厅。可以说，物质生活非常富裕。

中华人民共和国成立之后，华罗庚教授毅然放弃了美国的"阔教授"生活，决定返回祖国。他说："为了国家和民族，我应当回去！为了为人民服务，我应当回去！"

就这样，华罗庚教授带着妻儿回到了北京。当时的《光明日报》报道他在清华大学的生活情景时说："一间房子里，挤着四张床和箱子等杂物，一家人围着唯一的一张狭长的小桌子吃饭……"可见百废待兴的新中国成立初期，生活是多么简陋与艰苦。然而华罗庚以苦为乐，只顾忙着写讲义、开课。

回国后不久，在一次填写户口簿时，华罗庚在"文化程度"一栏里写了"初中毕业"四个字。这使许多人感到震惊——一位教授，怎么只是个初中毕业生呢？

原来，华罗庚是一位自学成才的数学家。

"跟踪菩萨"的男孩儿

华罗庚，1910年出生在江苏省今常州市附近的一个小县城——金坛县。父亲开一个小杂货铺，家境贫寒。华罗庚从小就很聪明，好动脑筋，凡事都好刨根问底，弄个究竟，而且知道用功，善于分析推理。

辛亥革命后的江苏金坛，一个小镇的集市上正在喧嚣和忙碌中买卖着人们生活的必需品，几个调皮的孩子嬉闹着在人群中钻来钻去。

突然，銮铃一响，一匹高头大马踏步而来，人们纷纷退让。马背上坐着一位身穿杏黄袍、头戴紫金冠的"菩萨"，老百姓连忙跪倒在地，祈求神灵赐福，"菩萨"微笑着倾听人们的诉说。几个小男孩儿停止了奔跑，其中一个穿着蓝色上衣的男孩儿瞪大了眼睛看着眼前发生的一切：万能的菩萨似乎能体察民间的一切疾苦，扫除不公，救民于水火。过了一阵子，集市散了，"菩萨"又骑上大马，返回山上的寺庙。咦？后边不远的地方跟着一个灵巧的身影——正是那个在集市上玩耍的小男孩儿。他想看一看：菩萨到底是什么样子？他到底吃什么，住在哪里？他是不是想要什么就有什么？走哇，走哇，转眼"菩萨"回到了寺庙,他脱掉服装,摘下帽子——原来是一个慈眉善目的中年男子装扮的呀!只见他端起水碗,咕咚咕咚喝了几大口水,又从庙里的厨房拿起窝窝头,在院子里慢慢吃了起来……菩萨和普通人一样生活的呀,那他如何来拯救百姓呢?他自己也没有鸡鸭鱼肉吃呀!

小男孩儿一脸的失望和茫然,慢慢往山下走去。突然,耳边响起了妈妈的呼唤声。原来,天色太晚了,别的孩子都回家了,小男孩儿的妈妈正在寻找自己的孩子。一回到家,还没等爸爸妈妈发火,小男孩儿就兴奋地说:"爸、妈!我知道菩萨长什么样子了,他也是人装扮的呀。"妈妈赶紧过来堵住孩子的嘴,说:"你懂什么?别得罪了菩萨!"

这个小男孩儿就是华罗庚。一个未来的数学巨星,一个从小喜欢探个究竟的孩子。

有一天,老师在课堂上出了一道数学题:"今有物不知其数。三三数之剩二,五五数之剩三,七七数之剩二,问物几何?"老师的话音刚落,华罗庚的答案就脱口而出:"23!"老师连连点头称赞他的运算能力。

有一次他和同学在河边放风筝,放得正高兴的时候,忽然一阵大风刮断了风筝线,断了线的风筝像一个醉汉摇摇摆摆地跌落到小河对岸。同学们跑过桥去把风筝拉回来,重放,这时华罗庚却站在一旁,一动不动地陷入沉思:从风筝线的长度和地面的夹角能够算出风筝的高度，那么从风筝的高度和它落地的时间，能不能算出风筝下落的速度呢？于是，他兴致勃勃地把风筝升到高空，然后把风筝线剪断，让风筝自由落地，计算着速度，结果与他的设想完全相同。说来也巧，几十年后，华罗庚在计算飞船的运行轨道、着陆、地点、发射角度、风速等问题时，还受到当年放风筝时的启发呢。

还有一次，华罗庚在树林里发现了一个旧蜂巢。出于好奇，他用树枝把蜂巢捅了下来。他捡起蜂巢，一边走一边细心观察，只见圆孔一个挨着一个地交叉排列着，而且底部是椭圆形的，顶部好像撑起的雨伞，所以雨水流不进去。后来华罗庚研究立体几何和数学在建筑学的应用时，提起了小时候的这段故事，经研究证明：蜂巢的造型非常合理，而且在体积相同的情况下，蜂巢型建筑最节省材料。据说，世界上最高明的建筑师，也很难造出这样的房子。

失学"坚持自学"

然而，从小刻苦学习的华罗庚，因为家庭经济出现困难，上到初中由于交不起学费，便失学了。他不得不在十几岁时，就开始在父亲的小店里帮助父亲料理店务，学习记账等。

可是，华罗庚从小喜欢数学，他的心思没被小店束缚住，总是抽空拼命读书。在他的柜台上，常常是一边放着账簿、算盘，一边放着数学书。华罗庚通过请教不出声音但会说话的老师——书本，坚持自学，甚至每天晚上都在油灯下自学到深夜。有时睡到半夜，忽然想起一个解决数学难题的方法，便立即爬起来点上小油灯，把它写下来。大家称他的那些深奥难懂的数学书为"天书"。父亲也看不懂那些书，但不知道为什么，儿子竟让那些"天书"给迷住了，便对他说道："人生在世，最要紧的问题是吃饭。你应该殷勤地招呼顾客，多做些买卖，而不要死钻书本。"但是，华罗庚依然迷恋着他的那些"天书"。父亲看到儿子那么勤奋地学习，也被感动了，不再阻止他看"天书"。

华罗庚在自学时，发现一位大学教授的论文中存在错误，便写了《苏家驹之代数的五次方程式解决不能成立之理由》一文，发表在上海《科学》杂志第十五卷第二期。

而在此时，华罗庚的家乡流行伤寒，他不幸染病。当时的医疗条件很差，他卧床半年，险些丧命，病愈后留下了严重的后遗症——左腿大腿弯曲变形，从此落下个跛足的终身残疾。

28岁的"大学教授"

华罗庚在贫病交加中坚持刻苦自学，并连续发表了几篇数学论文，引起清华大学数学系主任熊庆来教授的注意。熊教授打听到华罗庚原来是一个失学青年，深为震惊，便写信给华罗庚，让他来北京。就这样，在熊庆来教授的举荐和帮助下，华罗庚到清华大学数学系当上了管理员。从此，他除了继续钻研数学以外，还自学了英语、德语。24岁时，他已能用英文写作数学论文，并且他的数学论文已经引起国内外数学家们的注意。28岁时，华罗庚当上了大学教授。

华罗庚年近古稀，仍孜孜不倦地钻研数学。1979年，他访问法国时，南锡大学授予他"荣誉博士"学位。

1985年6月12日,在日本东京的一个国际学术会议上,75岁的华罗庚教授用流利的英语做了十分精彩的演讲。当他讲完最后一句话,人们还在热烈鼓掌时,他突然倒下了。一束鲜花还没来得及献到他手上,这位世界闻名的数学家便离开了人世……

华罗庚生前对青少年一代寄托了莫大的希望,他曾经写道:

发奋早为好,

苟晚休嫌迟。

最忌不努力,

一生都无知。

感恩救助　立志学医

（1910—1988）

医学博士、国家卫生事业的先驱马海德的故事

你知道中华人民共和国成立后，第一个外国血统的中国公民是谁吗？他就是医学博士、国家卫生顾问、麻风病防治专家马海德。马海德有着怎样的童年和传奇故事呢？

童年获救治　立志当医生

1910年9月26日，美国纽约州布法罗市的一个工人家庭，出生了一个男孩儿。这个男孩儿就是后来的马海德。

马海德，原名乔治·海德姆，祖籍黎巴嫩。父亲是黎巴嫩移民，在美国布法罗市一家钢铁厂当工人。马海德童年时期，

家境贫困,在读小学的时候,有一次爆发流行性感冒,全家六口人患病却无钱医治,十分痛苦。

这时遇到一位十分仁慈的老医生,免费为他们全家人进行了治疗,还捎给他们急需的食物。这给幼小的马海德留下了难忘的印象。他立志,长大后一定要当一名像这位老医生一样的医生,也要给穷人治病。

后来,马海德随家迁居北卡罗来纳州格林维尔,并在当地上中学。他勤奋读书,1927年以优异的成绩并靠勤工俭学进入北卡罗来纳大学读医学预科。

由于学习成绩优异,他获得奖学金,1929年去黎巴嫩的贝鲁特美国大学继续学医;两年后转到瑞士日内瓦大学医学系,攻读临床诊断;1933年毕业,并获医学博士学位。

不忘初衷　救治贫病

获得医学博士后,他从报纸上获悉当时的中国正在流行一种"东方热病",正在折磨着许多贫病交加的人。这期间父母思念儿子,盼望马海德早日学成回国,做个职业医生。

可是,马海德治病救人心切,并和两个同学一起从日内瓦来到了中国上海,考察所谓的"东方热病"。他们原计划只停留一年,最长不超过两年,获取资料后带回美国进行研究、制订医疗救治方案，再实施救助。

他们考察了当时的广慈医院和一些工厂，只发现了一些一般疾病，并没有什么"热病"。但是却看到了日寇对中国的侵略和由于旧政府的腐败给中国人民带来的深重灾难。通过进一步考察热病和工人营养不良的状况，他们发现，平均年龄只有14岁的童工因终日在电镀操作中劳作，双手被烧成溃疡。马海德认识到，中国工人需要的不仅是医疗和药物，他们更需要吃的、穿的。而这是他作为一个医生所无法解决的。

这时，他结识了孙中山先生的夫人宋庆龄和一些在上海的外国进步人士。在他们的影响下，马海德开始阅读进步书报。从他们那里，他知道了中国还有另一个世界，那就是中国共产党所领导的革命根据地。

新奇机遇　人生转折

在上海，马海德开始投身于救世活动。他开办了诊疗所，为穷苦人治病。同时，这个诊所也成为中国共产党地下工作人员联络和开会的地方。

他还在美国《工人日报》以及当时在上海出版的进步刊物《中国呼声》发表了介绍中国工农红军以及揭露中国社会的黑暗和国民党腐败的文章。

1936年春末，中共中央欲邀请一位公正的外国记者和一名医生去陕北，实地考察中国共产党领导的苏区情况并了解中国共产党的抗日主张。宋庆龄推荐了斯诺和马海德前往。这一传奇机遇，成为马海德的人生转折。

他和斯诺到达陕北不久，就要求去红军前线部队访问。经中共中央安排，派伍修权为翻译，陪同他俩经过长途跋涉，来到宁夏的西征红军前线总指挥部，受到彭德怀司令员的热烈欢迎。

当地群众多为回民，信奉伊斯兰教。恰好马海德会说一些阿拉伯语，会写阿拉伯文。马海德虽然出生在美国，但祖籍是黎巴嫩，了解伊斯兰教的一些习俗。为此，他受到当地群众的欢迎和尊重，阿訇经常请他到家里做客吃饭。他和红军中的回族医生戴济民，经常共同给群众看病，他的医术也得到了群众的信任。

红军也请他帮助做回民群众的工作，他把有关我党的民族宗教政策摘译成阿拉伯文，让红军战士照着他写的样子写在宣传墙上，回民们开始热情地支援红军。

巧改名　学汉语　学中医

马海德在与回民频繁的接触中，与他们建立了深厚的感情。他发现回民姓马的人很多。为了同回族兄弟交知心朋友，他决定自己也姓马，把美国名字海德姆的"姆"字去掉，改名叫马海德。

他随红军队伍回到陕北延安，以满腔热情一边紧张地投入诊疗工作，一边做调查研究。在一个多月中，他巡视了陕北各地卫生医疗单位，掌握了大量材料，完成了一篇详细的调查报告，提出了改进苏区医疗事业的建议。这份实事求是的报告，受到了中共中央的重视，随之他被任命为革命军事委员会的卫生顾问。

他把自己的命运同中国人民的命运紧紧联系在一起，并且光荣地加入了中国共产党。从此，他留在了中国。他说："从此，我能够以主人翁的身份，而不是作为一个客人置身于这场伟大的解放事业之中，我感到极大的愉快。"

为了更好地接近陕甘宁边区人民，他不仅很快学会了中国的普通话和陕北的方言，而且把自己的美国名字正式改为马海德。在当时根据地缺医少药的情况下，马海德还热情学习中医、中药，寻找偏方，亲自去采集中草药给军民治病，博得人民的爱戴，大家都亲切地称他"马医生"。

献身中国卫生事业

中华人民共和国成立后，马海德首先申请加入了中国国籍，成为名副其实的美裔中国人。1950年，他被任命为中央人民政府卫生部顾问，长期在卫生部工作。

1953年，马海德协助组建中央皮肤性病研究所（中国医学科学院皮肤病研究所前身）。该所成立后，他主要从事对性病和麻风病的防治和研究工作。在卫生部的领导下，他会同有关专家首先制定了消灭性病计划。他先后到内蒙古、云南、贵州、四川、广东、广西、江苏、江西、西藏、新疆等十多个省区，为消灭那里的性病付出了卓有成效的劳动。接着，他又确立了新的奋斗目标——消灭麻风病。

"文革"浩劫中，马海德也未曾幸免。但是他没有动摇对人民卫生事业的坚定信念和作为中国人的自豪感，主动到北京阜外医院皮肤科门诊工作。

改革开放以后，马海德精神振奋，加紧了消灭麻风病的工作。1981年，经过周密的调查和论证，他提出"中国要在2000年基本消灭麻风病"的奋斗目标。

为实现这一目标，他积极开展中外医学界的合作与交流。在他的不懈努力下，1985年在广州召开了中国第一届国际麻风病学术交流会。1986年,为进一步落实各国麻风基金会给予中国的援助,他出访十几个国家,为中国争取到了药物、医疗器械等价值上千万美元的援助。

马海德根据中国的国情,将麻风病传统的住院隔离治疗办法改变为社会防治,并把国外治疗麻风病的新技术"强杀麻风杆菌加药物治疗"引进中国,大大提高了疗效,加快了消灭麻风病的进程。

马海德曾历任第五、六、七届全国政协委员、常委,中国麻风病防治中心主任,中国麻风病防治协会理事长和中国麻风病福利基金会主席以及中国肿瘤基金会名誉主席等职务。他毕生勤奋工作,为我国卫生医疗事业,特别是防治麻风病的工作,做出了杰出贡献。1988年10月3日,马海德病逝于北京,享年78岁。

"自然之书" "绿色宝石"

（1910—1981）

中国植物学家蔡希陶的故事

云南的西双版纳热带植物园里有一雕像群，雕像中的蔡希陶教授胸前挂着相机、右手拄着手杖、左手抚摸着植物，带领着学生们，他睿智的眼神凝视着前方……同样，浙江省东阳市的青少年宫也矗立着蔡希陶的铜像，深邃的目光瞭望着前方……

蔡希陶是一位怎样的科学家，有着哪些感人至深的故事呢？

兴趣广泛　名师激励

1910年3月12日，蔡希陶出生在浙江省东阳市的一个小镇上。从小他就热爱大自然中一切有生命的东西，尤其喜欢小动物，什么小猫、小狗、小鸟、鱼、虫等，甚至虎、豹、狼，他也十分喜爱，有的还加以饲养。

中学时代，他的宿舍里挂满了鸟笼，床底下还拴着小狗。校长来检查寝室时，大为吃惊，说他不讲卫生，禁止饲养。后来他就转学，到了另一所学校。这个学校，宿舍前有个走廊，他就用这个走廊，发展起他的第一个"小动物园"。

不久，他又喜欢起了文学。他向杂志社投稿，在郑振铎主编的《文学》杂志上发表过小说，还得到鲁迅先生的指点与赞叹。

那么，蔡希陶是怎样喜爱上植物学的呢？

中学毕业后，18岁的蔡希陶为了谋生，千里迢迢来到北平，经人介绍进入北平静生生物调查所当练习生，所长是植物学家胡先骕。

胡所长是一位爱惜人才的学者，他很喜欢这个聪明勤奋的年轻人。有一天，胡所长借给蔡希陶一本厚厚的书，作者是美国人威尔逊，书名长得令人称奇——《一个带着标本箱、照相机、和火枪在中国的西部旅行的自然学家》。威尔逊在书中详细描述了他在中国大陆的漫长旅行，特别描写了云南密林中的自然景物及种种见闻，竟然还采集了6万多种中国的植物标本！

这本书的内容让蔡希陶感到震惊。生长在中华大地上的千万种植物，居然要靠外国人去收集、调查、分类、鉴定。难道中国的植物学要靠外国人去创立吗？

他又阅读了许多外国人在中国的类似"游记"，知道了云南是世界上植物种类最丰富的地方之一，英、法、德、美等国都多次派人来考察，采集了很多标本。中国人自己反而视大西南为畏途，我们为什么不敢去取宝呢？

云南密林中的宝物吸引了蔡希陶。蔡希陶向胡所长述说了自己的读后感，胡所长感慨地说："一个外国人来中国转一圈，就采集了那么多植物标本，可我们自己却没人关心植物的采集与研究，实在令人痛心哪！"

"胡所长，我能去吗？"

胡所长眼睛一亮，久久地望着这个年轻的小伙子，心情激动不已。

"血酒"结盟　林中探险

"难哪！"胡所长说。西南大凉山等地，长着茂密的原始森林，是一个天然的植物园。这里是彝族人世代居住的地方，经常受到军方的袭扰，所以他们痛恨汉族人，一旦有陌生人闯入，便会被抓去当奴隶。只有博得彝族首领的信任，喝了结盟的"血酒"，方能进入。

蔡希陶决心到山高水深的神秘世界去探险、考察、采集标本……可有谁能和自己一起去呢？他表现出的决心和毅力，得到了胡先骕所长的全力支持。

调查所登出广告，招募人员。报名应试的不少，但一听说去荒蛮之地考察，许多人打了退堂鼓。最后只有两三个文化程度不太高的青年和他一起动身，向南方出发了……这时，蔡希陶21岁。

来到彝族区，蔡希陶说明来意，他的真诚打动了彝族头人。按照习俗，必须跟头人"共饮血酒，以示结盟"，蔡希陶将滴入牛血的酒跟彝族首领对饮而尽。结盟后，他们开始向莽莽的原始森林进发。

旅途中的同伴是一匹马、一只狗、一只猴子，他们天天在深山中游荡，陪伴他们的还有"马家四兄弟"——马蜂、蚂蟥、黄蚂蚁、大马虻子的随时袭扰。年轻力壮的蔡希陶，擅长骑马、射箭、跑步、骑自行车、游泳。他们翻山越岭，手里拿着砍刀，披荆斩棘，无所畏惧。

一天傍晚，他们来到一个小村寨借宿。可是听说村寨里的人都在发烧，伙伴们都说赶快离开，以免传染。蔡希陶寻思片刻，决定"进！"经询问，了解到人们患的疟疾，蔡希陶便把随身带的金鸡纳霜分发给大家。开始人们不敢服用，后来有人将信将疑地服了药，两三小时后退烧了……村民们惊奇地打量着蔡希陶，称他是神仙下凡。蔡希陶说："我们是北平来的科学考察队，是进山采集标本的。"

这一干就是3年，他们采集了大约1万种植物标本，其中有许多是新发现的物种。他们第一次向世人揭开了云南植物王国的面纱，也引起了植物学界的重视。

自然之书　大地为证

抗日战争爆发后，北平静生生物调查所南迁到昆明，成立了工作站。蔡希陶临危受命，带着家人和他的植物学，再次踏上了云南这块红土地。1938年，蔡希陶在北郊黑龙潭创办了云南农林植物研究所。为了养家糊口，他开办过农场，当过鹦鹉店老板；为了研究所的生存，他绞尽脑汁，跑遍昆明的大街小巷，收集茶花与美国的科研机构交易，用900美元扩大了100亩科研基地。同时，为了解决研究所的开支和职工们的生计，他还引种了美国品种"大金圆"烤烟进行栽培试验并获得成功，到最后，收益却被劫匪抢劫一空。但是，大金圆却轰动了昆明。今天，烟草已成为云南经济的重要支柱。

在黑龙潭的一幢庙宇，他不仅安置了一批又一批来昆明逃难的科学家，还克服重重困难，建立了展览室和图书馆，把冒死收集来的几万种标本，全部向来到昆明的科学家和学生们开放。黑龙潭的那尊破庙，一时成为旧中国植物分类学研究的活动中心。

1950年云南解放，迎来了科学的春天。新中国经济的发展急需橡胶，国家为此召开了橡胶会议。时任北京市副市长的吴晗曾推荐蔡希陶任北京动物园的主任，但为了共和国的橡胶，他放弃了回京的机会，继续留在了云南这块红土地上。

他带领一支考察队，翻过了一座座高山，克服了难以想象的困难，终于在瑞丽山上发现了两株真正的橡胶树。就是这两棵橡胶树，发展成为现在西双版纳一片又一片的广阔橡胶林。一位曾在云南发动起义的将领，听说了蔡希陶历经千难万险进行科考、寻找橡胶树的事迹，敬佩地伸出大拇指说："真是个吃了豹子胆的科学家！"

著书立说，是科学家的追求，因为它标志着科学家的学术水平。有的同事说："蔡所长，您年龄大了，不必再跑了，可以坐下来写书，以您的学问，一定能写出惊世之作。"

蔡希陶说："书倒不急于写，我们只要把西双版纳的建设搞好了，就是一本自然之书。"大地为证，他践行着自己的理念。

"绿色宝石"赛金银

蔡希陶永远记着1961年周恩来总理对他讲的一席话："西

双版纳号称美丽富饶之乡！但是如果不注意保护，不注意合理开发和利用，破坏了森林，将来也会变成沙漠，那我们就成了历史的罪人，后人就会责骂我们！在西双版纳工作的同志，特别是植物学家，一定要研究这个问题，一定要解决好合理开垦、保护自然资源的问题。可不要做历史的罪人！"

认识到自己肩上责任的重大，他漫山遍野跑得更勤快了。

他采集了数万个种类繁多的植物标本，为我国开发了第一片有重要经济价值的橡胶林，建立了我国第一个热带、亚热带植物园——被誉为南疆的"绿色宝石"。现在国家提出"绿水青山就是金山银山"，南疆的"绿色宝石"真是赛金银哪！

常年的劳累拖垮了他，"文革"浩劫摧残了他。他终于病倒了。从20世纪30年代起，半个多世纪过去了。如今，中国的植物学家们已经完成了世界上最丰富的、长达126卷的《中国植物志》，里面汲取了蔡希陶辛勤劳动的成果。他为植物学做出了重大贡献。

1981年3月9日，蔡希陶病逝。他的音容笑貌、他的灵魂永远留在了西双版纳热带植物园，他的精神影响着一代又一代的植物园人，并逐渐被传承，被发扬光大。

"群峦重重一霍平，万木森森树海行。"豪情迸发的诗句，就出自蔡希陶之手，他把毕生精力献给了中国植物学。

叠折飞镖　向往太空
（1911—2009）
中国两院资深院士钱学森的故事

当我们每一次为航天发射成功而欢呼时，都会马上联想到中国航天科学的奠基人、"两弹一星"的功勋科学家——钱学森博士。这位科学泰斗是怎样炼成的？让我们去寻找他成长、奋斗足迹中的一些小故事，或许会得到答案，并从中受到启迪。

小小飞镖　也讲科学

钱学森，1911年12月11日出生于上海，浙江杭州人。他是父母亲的独生儿子，父亲钱均夫是一位教育家。他3岁时随父母迁居北京，上学前在家学背唐诗、学习识数和心算，显现出了聪慧的天分。

入学后，他在北京师大附小、附中受到了良好的基础教育。跟其他同龄孩子一样，他活泼好动、爱学习，也爱做各种游戏，课余时间和伙伴们玩得最多的是掷飞镖。

飞镖是用硬一点儿的废纸折成的，头部尖尖的，有一对向后掠去的翅膀，飞起来有点儿像燕子。飞镖人人会做，但不一定都能飞得好。有的刚掷出去就扎在地上，有的不向前飞，而是绕圈子向后飞。只有钱学森折的飞镖，飞得又高、又稳、又远，像一支利箭直插目标。

有的同学认为钱学森的飞镖有鬼，就捡回来拆开看，直到展平为一张纸，里面什么鬼也找不到……但是他们仍然咬定说"钱学森的飞镖有鬼"。

这件事被教理科的老师知道了。老师走过来，把钱学森的飞镖复原，又让钱学森掷了一次，果然飞得又远又稳。这时老师把同学们召集在身旁，拿着钱学森的飞镖说："你们都看到了，飞镖里边并没有鬼。不过，这里面却有'秘密'。现在让钱学森同学给大家讲一讲他的飞镖飞得又远又稳的'秘密'吧！"

之前一些同学嚷叫钱学森的飞镖有鬼时，钱学森从未急于争辩，现在老师让他讲讲自己的飞镖的秘密，他却腼腆得脸红起来。

钱学森用很低的声音说："我的飞镖没什么秘密，我也是经过多次失败，慢慢地一点一点地改正过来的。我的飞镖，用的纸比较光滑；飞镖的头不能太重，重了就会往下扎；也不能太轻，头轻了，尾巴就重，尾巴重就会先往上飞，然后就掉下来；翅膀太小就飞不稳，太大了就飞不远，爱兜圈子。就这些。"

"说得好极了。"理科老师高兴地大声说道，"小小飞镖，里面有科学。钱学森同学经过动脑筋琢磨，从失败中摸索出飞镖折叠的两条主要方法及原理，一是保持平衡，二是减少阻力，并能巧妙地借助风力和浮力。这样，飞镖才能飞得又远又稳。大家想一想，是不是这个道理？"

同学们窃窃私语，议论纷纷。大家散去后，老师望着钱学森的背影，心中不由惊叹：这个学生真善于动脑筋，他几乎已经懂得了某些空气力学的知识，将来有可能成为很有作为的科学家。

志学大鹏鸟　不当小麻雀

大自然是一本读不完的宝书。在钱学森的青少年时代，几乎每年的春秋季节，父亲都要带他到北京郊区的农村或风景优美的香山、西山去远足。有一次，父子俩游香山，野餐之后他们躺在草地上，仰视蓝天，这时一只在高空盘旋的苍鹰，闯入钱学森的视野。他盯着时远时近的苍鹰，直到它飞进了白云，飞得无影无踪。钱学森揉了揉眼睛对父亲说，他想变成一只大鸟，到蓝天上去遨游。

此刻，钱学森的父亲知道儿子的一颗童心已经随着那只苍鹰飞向高空，便给儿子讲述了庄周的一则寓言。他说："我国古代有个叫庄周的人，写过一则寓言叫《逍遥游》，讲的是一条叫鲲的大鱼变成一只叫鹏的大鸟的故事，其实这代表了庄周自己的理想，他有远大的抱负。因此，他想变成一只大鹏鸟，遨游太空，飞到九万里的高空，去俯瞰地球，观察人世。"

钱学森被寓言中大鹏鸟的故事所吸引，不住地称赞："太好了！庄周真棒！"

父亲接着说："寓言中庄周还讲了蝉、小鸠以及生活在池泽边的小麻雀等，它们讥笑大鹏鸟的高飞远翔，说它们自己每天在灌木和蓬蒿之间飞上飞下，就很快活，又没有危险，也不愁挨饿，何必要飞那么高远呢？后来，这些鹦雀被比喻为一些胸无大志、安于现状的人。"

钱学森说："我要学大鹏鸟，到太空去遨游，不当小麻雀。"父亲鼓励说："对，要当大鹏鸟飞上蓝天！"

中学时代接受知识的多寡常常决定人的一生。北师大附中不愧是一流学校，是一块得天独厚的"培养天才的沃土"。校长林砺儒、老师傅仲孙……都是著名的教育家、数学家；课外活动，很重视体育锻炼和学生的兴趣爱好；高中物理引进了当时美国大学一年级的课本，同学们可以根据自己的爱好进行选修，考试时七十多分就已不错，八十多分就算拔尖，不及格的只是个别同学，所以学习没有压力，没有死记硬背；学校还开设有英语、德语、伦理学等课程，伦理学由校长亲自讲授，很是有意思。

在师大附中，美术老师是著名的国画大师高希圣，钱学森画的画儿也是出类拔萃，他也喜欢音乐。高中时，他门门功课名列前茅。高中毕业时，钱学森的理科知识水平已经相当于大学二年级的水平，老师们都对他寄予厚望。

若干年以后，老师的预言，以及后来成为他岳父的军事教育家蒋百里的预言——他会成为爱迪生，都一一被证实了。当然，父亲的希望也实现了——钱学森成为一位成就卓著、举世瞩目的科学家。

不断奋进　终成英才

1929年9月，钱学森考入上海交通大学机械工程系，1934年6月考取清华大学公费留美学生，次年进入美国麻省理工学院航空系学习，后转入加州理工学院航空系，成为世界著名空气动力学教授冯·卡门的学生，并很快成为卡门最得意的弟子，1939年获得航空和数学博士学位。

从1938年7月至1955年8月，钱学森在美国从事空气动力学、固体力学和火箭、导弹等领域的研究，并与导师共同完成了高速空气动力学问题的研究课题和建立了"卡门-钱近似"公式。28岁时，钱学森成为世界知名的空气动力学家。

学成以后，钱学森曾经是美国的火箭研究机构"喷气推进实验室"的核心成员。卡门曾说："钱是一位天才，他所做的工作对发展高速空气动力学和火箭推进技术有巨大推动。"钱学森负笈远游，在美国学习与工作了整整20年。

中华人民共和国成立初期，为了祖国的建设事业，他毅然决定回国，却受到美国千方百计的阻挠。美国海军次长金布尔曾说："无论到哪里，钱都值5个师。"冲破了重重阻力，1955年，科学奇才钱学森终于回到了祖国。

发人深思的"钱学森之问"

钱学森思路敏捷，视野广阔。20世纪50年代，他把控制论思想应用于技术领域，创立了横跨许多学科的崭新方法——工程控制论。20世纪70年代，他又提出建立可应用到一般技术的

"系统学"，为我国交叉科学的发展做了突出贡献。

钱学森说过："我姓钱，但我不爱钱。""难道搞科学的人只需要数据和公式吗？搞科学的人同样需要有灵感，而我的灵感，许多就是从艺术中悟出来的。""我们不能人云亦云，这不是科学精神，科学精神最重要的就是创新。"钱学森的夫人蒋英是一位留学德国的音乐家，也是两小无猜的青梅竹马。

他又提出了一个使人震撼的问题："为什么我们的学校总是培养不出杰出人才？"这个问题，被称为"钱学森之问"，引起了全国上上下下乃至普通学生的深思。

安徽高校的11位教授曾联合媒体，给教育部部长及全国教育界发出一封公开信：让我们直面"钱学森之问"，回应"钱学森之问"！后来，教育部实施了"基础学科拔尖学生培养试验计划"。

上海交通大学为回应著名校友的"钱学森之问"而成立了致远学院。致远学院作为基础学科拔尖人才培养试验基地，旨在培养具有全局眼光和扎实基础的创新型人才。致远学院下设4个班：数学班、物理学班、生命科学班和计算机科学班。之后，全国有20余所知名大学陆续进行试验。

教育部呼吁：教育界广大教育工作者要埋头苦干，为祖国的强盛培养人才；受教育者应该奋发图强，刻苦学习，使自己成为杰出人才。

1980年5月18日,中国向太平洋预定海域发射的一枚运载火箭获得成功,美国迅速以《中国导弹之父钱学森》为题向全世界进行了报道,可见钱学森的巨大影响力。

2009年10月31日,这位科学巨人在北京逝世,享年98岁。钱学森把毕生的精力贡献给了祖国的国防和航天事业。如何继承和发扬钱学森的精神?这是我们每个人都应该深思的问题。

妈妈的一碗米线

(1911—1979)

中国天文学家戴文赛的故事

茫茫宇宙无边无际,有多少银河系?太阳是火球还是星点?……有一个人,倾注一生心血、熬过一个个不眠之夜,探寻着其中的奥秘,他就是我国著名的天文学家、天文学教育家、中国天文事业的开拓者——戴文赛教授。

妈妈的一碗米线

1911年12月19日,戴文赛出生于福建省龙溪县(今福建省漳州市)。龙溪县的周围是一片丘陵,大大小小的山岭千姿百态,当地称之龙腾山。其中的天宝山,相传山中常有宝珠的光辉直冲云霄，从山上流出的溪水，称九龙江，江中经常有龙吞云吐雾，所以人们在江边修建了云龙亭……

天宝山下有个天宝镇，镇边有个小村庄——洪坑村。洪坑村就是戴文赛的出生地。因此，龙的故事也伴随了戴文赛的童年。戴文赛的父亲戴群英是一位乡村读书人，以在教堂讲读《圣经》的微薄收入维持一家人生活。母亲高敬生是漳州府的一家富户闺秀，由于拒绝缠足而嫁到戴家。戴文赛是老幺，母亲生下他时已经44岁。艰难的家境，使她没有足够的奶水来哺育小文赛，所以小文赛是靠着米粉糊糊活下来的。先天营养不足，使戴文赛成为家中体质最弱的一个。所幸的是，体质上的先天不足并未影响戴文赛的智力发育。

孩子们当中流传着"天上星、亮晶晶，龙腾虎跃一阵风"等儿歌。有一次，小文赛指着夜空，天真地问妈妈："星星会走吗？它能像龙一样飞腾吗？"妈妈意味深长地回答："长大了自己去看哪！""什么时候能长大呢？"他喃喃自语。

后来父亲在一所学校谋得工作，全家搬到城里舅舅家居住。寄人篱下所体察到的世态炎凉，使小文赛从小就养成了倔强而要强的性格，但父亲谦让温和、通情达理的秉性以及母亲任劳任怨、坚韧刚强的品格，又都在他身上得到了进一步的发扬。虽然他平时不太爱说话，可是从那明亮的眼睛，可看出他是个聪明绝顶的孩子。

戴文赛的父母坚信，贫穷并不可怕，可怕的是愚昧无知、没有文化，所以他们千方百计地节衣缩食，陆续把他们兄弟三人都送到了学校。父母发现，这三兄弟一个比一个聪明伶俐，一个比一个更加懂事识体，尽管生活中充满了辛酸劳累，但一见到活泼可爱的孩子，心里便升起了希望——总有一天孩子们会成为国家的栋梁。戴文赛在6岁那年，进了当地的集贤小学。在他小学毕业时，爱国华侨陈嘉庚先生在厦门办起了集美中学，戴文赛当时就考入了这所各方面条件都很优越的学校。

但是为了节省学费，文赛第二年就回到了本地的一所教会学校——寻源中学。老师和同学们都说戴文赛有"过目不忘"的记忆力。在同学的眼中，他用在书本上的时间并不比他们多，可每每考试下来，总是稳稳地名列前茅。戴文赛不但数理化各科遥遥领先，英语也学得相当流利，国语等科目同样是少有的"尖子"。所以每学期结束，他总是和两个哥哥一样，高高兴兴地举着学校颁发的奖品回家，而文赛的奖品总是三人中最多的，所以又获得母亲一碗米线的奖励，这是戴文赛平时最爱吃的食品。在戴文赛的眼中，母亲做的米线，是世界上最好的佳肴。

哥哥是我的榜样

戴文赛从小就能合理地利用时间，取得事半功倍的效果。他称之为"弹钢琴"式的方法——把需要用不同的思路、不同的方法去解决的问题一一列表，完成一项，就在纸上划去一项，等高效完成后，则又有新的列表……就这样，他有永远用不完的精力。

虽然戴文赛身体比较瘦弱，但因为他喜爱运动，后天补足了先天不足。网球、羽毛球他都打得很好，后来还成为足球迷。除了各种球类活动外，他还喜欢登山，他觉得登上山顶，心胸尤为宽阔。青年时代他的兴趣更为广泛，打桥牌经常能出奇制胜。他更酷爱音乐，早在幼年他就学会多种中国乐器，三弦、笛子、二胡，样样都会，众多的中外名曲他也非常熟悉，还读了许多音乐家的生平。正是这些高雅的音乐美韵陶冶了他的心灵，大大丰富了他的人品修养与性格魅力。中学期间，他还曾编写了一个剧本，既是编剧又做导演，最后累倒了，又是妈妈的一碗鲜美米线，让他吃了个饱，很快恢复了体力。

戴文赛十分懂事，他与两个哥哥真正称得上是兄仁弟恭，其乐融融。他尤其佩服四哥尔宾。文赛还在小学时，四哥就已经考上了厦门大学，离开了漳州的家，正是因为有了四哥的榜样，所以他也从小就爱上了自然科学，并立志于理工科。也正是在四哥的勉励下，在中学时代，戴文赛就显露出在数学、物理方面的才智。一些令别人头疼的难题，他常常是不费多少力气就得到了正确的答案。对于新东西，他有着极强的接受能力，同学形容他是"一学就会，一会就精"，大家一见到他那深邃的目光，就知道一定又在思考着什么新的难题了。戴文赛第一篇英文译作《谈香》，赫然刊载在当年的《寻源中学校刊》上。

学无止境　刻苦攀登

1928年，还不到17岁的戴文赛，以短短4年的时间读完了中学的全部课程，并以优异的成绩考取了福州协和大学的数理系。为了减轻家庭的负担，戴文赛在学校的图书馆和实验室勤工俭学，有时利用课余时间去图书馆整理报刊、修补有损图书，还协助检索，把新到的图书分类整理上架等；有时则去实验室洗刷试管、烧杯……虽然，戴文赛不得不为此付出更多的时间和精力，但这也使他有机会看到更多的新书，接触到更多新知识，真是"失之东隅，收之桑榆"。同时，他还利用假期做家教。

1931年，戴文赛来到苏州的东吴大学数学系借读，同年9月满载而归，重新回到协和。1932年毕业之前，又到进德女子中学当了半年老师，他在那儿讲数学、化学、英语及心理学等课程。1933年他从协和大学毕业，留校当助教兼读研究生，并与一些志同道合的同事投身于科普创作活动，在科普杂志《科学世界》上办起了《数学难题求解》专栏，引起了全国的关注。

1935年至1936年，戴文赛先后在广州岭南大学、北京燕京大学边当助教，边读研究生。大学时代，戴文赛依然关心着国家的命运，面对日本帝国主义咄咄逼人的嚣张气焰，他选择了走"科学救国"之路。他参加了当年公费出国的"英庚款"留学生考试，考取英国剑桥大学，攻读天文学。从此，戴文赛的生活展开了崭新的篇章。

首次拜见导师——英国著名的学者爱丁顿教授，他穿上了燕尾服，执礼殷勤。但是教授平易近人，并不是古板的英国绅士，他一下子就喜欢上了这个来自东方的青年。谈了一会儿，教授笑嘻嘻地指着戴文赛的燕尾服说："你下次到我这儿来，就不一定穿这个了。"

戴文赛表示希望先做点儿观测工作，导师立刻表示同意，很坦率地说："搞观测并不是我的专长，我另外替你找一位导师给你指导吧！"戴文赛知道爱丁顿是研究基础理论的，却万万没有想到，这样一位大学者，居然会在自己这个初来乍到的年轻人面前承认自己学识的不足。这件小事给了戴文赛极其深刻的印象，并引领他一直秉承"知之为知之，不知为不知"的实事求是态度。

戴文赛很快表现出卓越的才能，并于1937年获得了剑桥大学的天文学奖金。他的博士论文的课题是《特殊恒星光谱的光度分析研究》，这项研究在当时尚属开创性的工作，直到20世纪60年代才有了很大发展。1940年获得博士学位，爱丁顿教授曾热情挽留他在剑桥继续工作，但是他婉言谢绝了，毅然踏上了归国路。

报效祖国立新说

戴文赛渴望能把自己学到的知识服务于自己的祖国。他来到从南京内迁到昆明的中央研究院天文研究所任研究员，艰难地从事研究工作。抗日战争胜利以后，他转到北平，在燕京大学任教。

中华人民共和国成立以后，百废待兴，戴文赛主动要求从北京调到中国主要天文基地南京，以获得施展才学的天地。在南京大学，他首先着手编写具有中国特色的天文学教材，并在此基础上培育和组建一支高水平的天文事业生力军。"文革"浩劫，戴文赛未能幸免，恢复工作后他继续争分夺秒，试图在天体演化领域形成中国学派，这也是他人生最后的奋斗目标。

他就像一部开足马力的马达，日夜不停地运转。

早在20世纪60年代前期，他就提出了宇观这一新概念，阐述了微观、宏观、宇观三个不同层次间的差别和联系，开创了中国天文学哲学领域中对宇观过程的特征和规律的研究。他收集、分析和评价了国外40多种太阳系起源的学说，并跟踪国际最新观测资料，提出了一种新的星云说，其论著《天体的演化》《太阳系演化学（上册）》的出版引起国内外天文界的广泛重视和高度评价。1977年，全国自然科学学科规划会议召开，因病卧床不起的戴文赛，仍坚持给大会写了四封长信，提出很多建议。1979年4月30日，这位勤奋、热诚的科学家，永远地闭上了眼睛。

在南京大学百年校庆、天文系50年系庆之际，为奖励品德优良、热爱天文科学、刻苦学习、有良好科研成果的学生，特向校友和社会上募捐钱款成立"戴文赛基金会"，以基金的利息支付奖学金。基金会和奖学金以戴文赛先生的名字命名，以纪念这位伟大的科学家。

薇薇小姑娘　健雄做女杰
（1912—1997）
华裔美国物理学家吴健雄的故事

她兢兢业业，惜时如金，全身心扑在科学事业上。她在物理学上屡建奇勋，被誉为"物理女王"。她是美国科学院院士、美国物理学会第一位女会长，1975年美国总统福特授予她美国国家科学勋章，另有世界上多所大学、基金会等授予她科学奖金。她就是体态娇小、盛誉全球的女华人吴健雄。吴健雄有着怎样的非凡故事呢？

薇薇小姑娘　不做温室花

1912年5月31日，吴健雄生于江苏省苏州市太仓浏河镇的一个书香之家。父亲吴仲裔给她取乳名薇薇,希望她将来像风餐露宿于田野的紫色豌豆花那样坚强,不做温室里的花朵。小薇薇在族谱排"健"字辈,行二,族人依"英雄豪杰"命名。虽为女儿身,父亲倒希望她不让须眉,胸怀男儿志,积健为雄。因此取了"健雄"这个颇为阳刚的名字。

父亲不仅思想开明,且敏而好学,多才多艺,唱歌、吟诗、弹风琴,还迷上了无线电,自己动手装了部矿石收音机,让小薇薇听到那来自天外的声音,还给她买了《百科小丛书》,向她讲述科学趣闻。

吴仲裔深明大义,洞识教育之重要,特别关注女性教育。当时浏阳镇上有座已断香火的火神庙,为商团所占,吴仲裔苦口婆心地说服众乡绅,拆庙建校。于是,明德女子职业补习学校始立,校名取意为"大学之道,在明明德",父亲吴仲裔自任校长,母亲樊复华也出任教师。

明德学校广纳四乡平民子女读书,除开设弘扬中华文化的《论语》《古文观止》外,还增立数学、注音符号等新兴学科,研习缝纫、刺绣和园艺等。

小健雄7岁时便进入明德学校接受启蒙教育,与其他兄弟一样读书识字。父亲在课余常带女儿到镇上的天妃庙去玩,寻觅郑和航海事迹碑,向女儿讲述三宝太监郑和率船队下西洋的故事。这对吴健雄的成长起到至关重要的作用。

她果真如同父亲所期望的那样，从小就学海扬帆，乘风破浪，一往无前。吴健雄小学毕业后，考入江苏省第二女子师范学校。在师范学校读书时，她是一名品学兼优的学生。国文老师曾在她的作文上批了"眼高于顶，笔大如椽"八个字，称赞她的立意和文笔。而她的数理化成绩同样名列前茅。

求学路上的引路人

1929年，吴健雄以优异的成绩从江苏女师毕业，并被保送到中央大学。吴健雄念的是师范，按规定要先教书服务一年，才能继续升学，但由于当时规定并没有那么严格，因此吴健雄在这一年当中，并没有去教书，反倒进了上海的中国公学再读一年书，因而有机会成为胡适的得意门生。

吴健雄曾说，在一生中影响她最大的两个人，一个是父亲，另一个则是胡适先生。父亲告诉她，做人要为"大我"，而非"小我"。这让她毕生为"大我"而奋斗，所以她总有永不枯竭的搏击前进的动力。

吴健雄和胡适的这段师生情，不但吴健雄认为对她影响深远，连胡适先生也曾在公开场合说过，这是他平生遇到的最得意、最自豪的学生。胡适勉励吴健雄说："你是很聪明的人，千万珍重自爱，将来成就未可限量。"还嘱咐她，多读文史的书，多读其他科学，使胸襟阔达，使见解高明，做一个博学的人。而且还建议她有机会要留学海外，学习域外文化与科学。而遵循并践行老师这些高屋建瓴的教导，同样是她前进的动力。

1934年，吴健雄以平均86.3分的优异成绩，从国立中央大学物理系毕业，获得学士学位，后受聘到国立浙江大学任物理系助教，后进入中央研究院从事研究工作。

1936年吴健雄考入美国加利福尼亚大学，1940年获博士学位，从此留在美国开始了漫长的科学研究生涯，主要从事原子物理与核物理的研究。

有人称吴健雄是中国的居里夫人。尽管她赴美留学时，居里夫人已经作古，但她在中央大学作毕业论文的指导教师施士元先生是居里夫人的学生，由此而言，她与居里夫人倒真有一种嫡亲的师承关系。

她的导师、诺贝尔奖得主塞格瑞对她更是喜爱有加。他们共同发现了对铀原子核分裂连锁反应有关键影响的惰性气体"氪"。吴健雄就研究结果写了篇论文，前列塞格瑞的名字准备发表，塞格瑞发现后删去了自己的名字，并以"吴健雄"独自署名在美国最有权威的学术杂志《物理评论》上刊出。这奠定了她在物理界的地位，使她顺利获得了博士学位。塞格瑞早年游学欧洲，与居里夫人有所过从。塞格瑞在评论吴健雄时写道:"她的意志力和对工作的投身,使人联想到居里夫人,但她更加入世、优雅和智慧。"

吴健雄到美后,能以一个外籍女科学家的身份参与制造原子弹的"曼哈顿计划",一缘其本身已崭露头角,二更得力于她的老师、美国"原子弹之父"——这项计划的主持人奥本海默对她的赏识和厚爱。一位位恩师,都是她的求学路上的引路人。

献身物理 刻苦奋进

1956年,在美国哥伦比亚大学和普林斯顿大学任教的杨振宁博士和李政道博士,首次提出"宇称不守恒定律",推翻了数十年被人们捧为金科玉律的"宇称守恒定律"。

为了证实杨、李二博士的新创建,吴健雄要用精密、细致的实验来求证,即实验物理学家与理论物理学家携手并进。她把放射性钴60放在强力磁场中进行超冷处理,观察到电子运动的方向与原子核旋转的方向相反,这就以无可辩驳的事实证明了"宇称不守恒定律"。

为此,她几乎整天钻在实验室里,饿了啃个面包,渴了喝杯牛奶,每天睡眠只有4个小时。辛勤的耕耘,换来了丰硕的成果。

1957年,当杨振宁和李政道获诺贝尔物理学奖时,吴健雄

也同时为世界科学英豪们所瞩目。有人说，吴健雄解开了原子物理和核物理的第一号谜底。

退而不休　不忘家乡

1982年，吴健雄从哥伦比亚大学退休，但她仍担任该校荣誉教授，常常去学校参加工作，可谓"退而不休"。她说："我从不去想自己的年龄，而且我常和年轻学生在一起。"

她非常关心青年一代。她说："中国学生要多动手，知识面不要太窄，这不论对自己还是对国家都有好处。"1982年，她受聘为南京大学、北京大学、中国科学技术大学等校的名誉教授，是中国科学院高能物理研究所学术委员会委员。

1990年，中国科学院紫金山天文台将国际编号为2752号的小行星命名为"吴健雄星"。

吴健雄的丈夫袁家骝，也是著名的物理学家。1994年，吴健雄当选为中国科学院首批外籍院士。她在中国设立"吴健雄物理奖"和"吴健雄袁家骝自然科学基金会"，并在南京大学、东南大学、明德中学先后设立"吴健雄奖学金"。

1997年2月16日，吴健雄在纽约病逝，享年85岁。遵照本人遗愿，这位"核物理女王"安葬于故乡浏河镇，静静守护着自己挂念的故土。

奇而不怪 为国立志
（1912—2010）

中国科学院院士、科学家、教育家钱伟长的故事

提到钱伟长，人们可能都知道这是被周恩来总理赞誉为中国的"三钱"之一的著名物理学家、应用数学家、"中国力学之父"。同时，钱伟长还是一位具有远见卓识的教育家和爱国者。

留学海外 从师名家

钱伟长留学加拿大多伦多大学，获博士学位。他研究提出的关于板壳问题内禀统一理论的非线性微分方程组，在国际上被称为"钱伟长方程"。为了战胜法西斯，第二次世界大战

期间钱伟长曾参加了美国火箭、导弹等武器的研制，而且他的主要工作就是精确地计算火箭导弹的弹道。为此，他多次到得克萨斯州白沙试验场进行下士火箭发射实验。他还是美国数学学会、航空科学学会的会员，与"中国的航天之父"钱学森一样，都是国际航空和航天领域最杰出的一位元老科学家冯·卡门博士的助手与同事。

冯·卡门是美国加州理工大学教授，负责领导该大学格根海姆实验室喷气推进研究所，钱伟长曾担任该研究所的研究员、工程师。

钱伟长1946年回到祖国，先后在清华大学、北京大学、燕京大学任教，一面为国家培养人才，一面潜心研究学问。他还被聘为波兰科学院院士、美国数学学会及美国航空工程学会会员。

一般人会猜想，像钱伟长这样的大科学家，在中小学的时候数学、物理等理科功课一定很棒。其实不然，钱伟长在小学和初中期间，功课偏科厉害，特别偏重语文和历史，即所谓的国学，也非常喜欢地理。他几乎没有学过四则运算，代数、几何等理科基础知识很差。

奇怪，理科这么差的学生，是怎么上的清华大学物理系，又怎么成为大科学家的呢？

其实，这跟钱伟长小时候的生活环境和当时受教育的环境有关系。

崇德兴仁　国学是本

钱伟长，1912年10月9日出生在江苏无锡的一个乡村教育世家，家境清贫。其祖父是清末秀才，崇德兴仁，尊圣敬善，务修礼让，仁慈博爱，曾担任私塾教师，养家糊口，还响应孙中山先生"耕者有其田"的倡导，创建了"钱氏怀海义庄"，非常受乡亲们的敬重。祖父逝世，父亲钱挚挑起家庭重担，培养幼弟们读书。父亲、叔父们都是中华文化博学笃厚的人，而且都从事乡村教育工作。

钱伟长自幼聪明好学，认字很早，会下围棋，还学习记账。为了节省纸墨，四叔钱穆磨平一块方砖，让小伟长用毛笔蘸水在砖头上练字。家中的传统图书如《钱氏家训》中的内容："心术不可以得罪于天，言行皆当无愧于圣贤；持躬不可不严谨，临财不可不廉洁；处事不可不决断，存心不可不宽厚。……"小伟长虽然不太懂其内涵，却印在了脑海。对于范仲淹《岳阳楼记》中的名句"不以物喜，不以己悲"，"先天下之忧而忧，后天下之乐而乐"等名文、名句，钱伟长可以倒背如流。

父亲、叔父到哪里教书，他就随之转学到哪里读书。清代大儒我国近代著名地理学家、古文家、教育家唐文治先生，在无锡县中学旁边利用旧房开办了国学专修科，钱伟长也跑去学。这时父亲正任县中教务主任，他即随父亲读初中。当时社会动荡，中小学校不很正规，所以钱伟长的数学课没能按部就班、系统地学下来。倒是后来在苏州中学又遇到了名师吕叔湘教他历史，后成为国学大师的四叔钱穆亲自教他语文，所以钱伟长的语文和历史功底很深，尤其善于写作文。他具有极其丰富的想象力，这也是他后来搞科研、搞创新的萌芽。

钱伟长的父亲终因积劳成疾，39岁英年早逝。病逝前，曾嘱咐伟长："我们钱家人虽然多在教书，但是都没有上过大学，更没有人留过洋。"并希望钱伟长能成为钱家的第一个大学生。

父亲的病逝像晴天霹雳，几乎击倒钱伟长，当时他才15岁，而且也是长子，弟弟妹妹都还幼小。传统的习俗都是长子挑大梁，是辍学挑起家庭重担，还是继续求学？少年钱伟长陷入两难之中。

四叔钱穆坚决要实现兄长的遗愿，决定担当起供侄儿求学的责任。钱家的孤儿寡母，还幸而得到祖父创办的"钱氏怀海义庄"按规定资助的粮米，才渡过难关。

立志报国　弃文学理

父亲去世两周后，钱伟长回到学校，自觉文科不用费劲，于是拼命补习理科。他坚信"只要功夫深，铁杵磨成针"，于是不懂就问，凡是比他强的人他都不耻下问，特别注意把需要问的问题写下来，弄明白的答案也记下来。数学、物理是他补习的重点和难点学科，"开夜车"成了家常便饭，理科学习成绩终于拼到了中等。虽说高中毕业，由于战乱，时续时断的学习总计也不过8年、11个学期。

当时大学都是各校自主命题、自主招生，入学考试成绩只看总分，入学后根据个人的成绩和爱好再选科系。钱伟长在四叔的建议下，一个月内先后报考了清华大学、中央大学、浙江大学、唐山大学、厦门大学5所学校。发榜后，不但5所大学全部录取，还考取了清贫奖学金，每年可以得到300元的奖学金。家里人都特别高兴。

奶奶和母亲认为南京中央大学最好，离家近。可是已经在北京大学任副教授并在清华大学兼课的四叔认为，还是清华大学最好，所以钱伟长听从四叔建议，去了清华大学就读。

清华大学入学考试国文和历史命题，出自哈佛大学毕业的我国近代学者陈寅恪教授。陈寅恪教授觉得钱伟长的答卷成绩很不错，尤其是作文《梦游清华园赋》，简直是一篇文采斐然的赋。陈教授竟给了满分。

这样一位以文科高分考入清华的学子，如果学习文史学科，相对将会比较轻松。可是为什么他却来了个180度的大转弯，最后选择了物理系呢？要想获得成功，他将会付出怎样的艰辛？这仍然需要从钱伟长自幼所受的家庭教育和熏陶，以及当时的社会大环境中寻找答案。

清华大学负责接待新生的是物理系三、四年级的两位学生，见到身体瘦小又不会说北京话的一个报到新生，就主动将他安排在他们的宿舍里。这位不足1.5米高的南方小伙，就是钱伟长。这两位室友，原来都是立志报国的学长。

当时日本法西斯已对中国虎视眈眈，蓄意灭我中华。以文史双百考入清华大学的钱伟长理应选择历史系或中文系，但是一件始料未及的事件却打破了这个预期。这便是震惊中外的"九一八事变"。

刚到清华大学的钱伟长一觉醒来，东北沦陷了。民族危机在清华大学四处弥漫，年轻的学子们热血沸腾，要求抗日，一致对外。钱伟长的拳拳爱国心，以天下为己任的责任感，一下子升腾起来，他怒吼："没有飞机大炮，我们可以自己造哇！我要学习如何造飞机大炮！"就这样，钱伟长弃文学理，走上了科学救国的道路。

他相信"精诚所至,金石为开",决心立志报国,弃文学理!就这样,他转到了物理系。

或许是后来在马约翰教授的指导下积极参加"斗牛"、越野等体育锻炼,他的个子竟奇迹般地长高了,身体也健壮了……

忠贞如故　大地回春

中华人民共和国成立后,钱伟长积极投身到祖国的经济恢复、科学研究中,担任清华大学教授、教务长、副校长以及中国科学院力学研究所领导、学部委员(院士)等工作。

1957年,在"百花齐放、百家争鸣"时,钱伟长对高等教育、科学研究等方面,曾提出不少新思路、新建议,比如要把清华大学办成像美国加州理工大学似的世界一流大学等。

"文革"浩劫,钱伟长未能幸免。撤销职务、劳动改造……接踵而来。不过还算幸运,当时国家领导人说:"这个人,我知道,他教书教得很好。"虽然降级,但保留了教授职务。

钱伟长在受到如此磨难时,他对祖国的忠贞如故。到工厂劳动,他依然帮助工人搞创新,通过各种渠道搞科学研究,向不同的部门提供不同的科学数据、科学技术、科学方法,并

改进工具、发明高能电池；他还以高能电池为基础，为铁路设计了实用的信号灯等，被誉为"地下科学家"；他在学校为学生编写教材，参加编译《英汉科技词典》等。他的儿子以优异成绩考上了大学，却因他是"右派"而不能被录取，后自学成才。

更有一桩奇缘。他在工厂劳动时，周恩来总理直接委派他参加中国科学家代表团出国访问英国、瑞典、加拿大和美国。因为毫无准备，钱伟长竟穿着总理秘书的衣服、总理的鞋出国，一时被传为佳话。钱伟长还从国外带回了大量有价值的科技信息。

乌云终会消散，寒冬过去就是春天。改革开放以后，钱伟长迎来了春天。他大力宣传四个现代化，积极参加《不列颠百科全书》的编写出版工作，积极宣传祖国的和平统一政策，积极开办科学讲座。他被任命为上海工业大学校长，而且不受年龄限制，被誉为"终身校长"。

他将努力实现办世界一流大学的夙愿。钱伟长认为，社会发展需要在博才基础上的专才，这样才能相互融合、相互包容。大量的事实证明，他的认知是非常有前瞻性的。

2010年7月30日，98岁高龄的钱伟长，告别了他永远爱着的祖国，告别了世界，而远行……

献身桥梁工程的教育家

（1913—2005）

中国两院资深院士、工程教育家李国豪的故事

当我们乘坐汽车或火车，跨越一座座江河、峡谷大桥，奔驰在祖国大地上时，可曾知道这一切离不开一位功不可没、桃李满天下的人，他就是我国首批工程院院士、世界著名的桥梁专家、上海同济大学校长李国豪博士。李国豪有着哪些鲜为人知的感人故事呢？

少年立志　离乡求学

1913年4月13日，李国豪出生于广东省梅州市梅县区莲塘村一个贫苦的农家。他自小聪颖，喜欢运动，渴望读书。

父亲早年参加过辛亥革命，后去印度尼西亚谋生，经营杂货小生意，母亲是位农家妇女。李国豪5岁便在村里上小学，课余帮助母亲做些家务和农活儿。

13岁时，李国豪插班进入梅州市市立中学二年级。在校3年，李国豪学习刻苦，善于动脑，成绩优秀。他偏爱数学、物理和外语。他学习有个特点，就是决不死啃课本，而喜欢独立思考。他尤其喜欢看课外书，并从课外书中找出有趣的问题，比如读《三国演义》，别人只看到攻城夺池、刀光剑影，他却在琢磨诸葛亮发明的"木牛流马"。他奇怪，为啥机关一开动，它们就能运走如飞呢？

李国豪经常会插上一双幻想的翅膀。他崇拜过几何之父欧几里得和力学之父牛顿，后来又想当一个爱迪生那样的大发明家。不过，他最钦佩的却还是中国古代的大禹。他曾立志要当一名水利工程师，去驾驭那奔腾不羁、惊涛骇浪的长江和黄河……为此，他还获得过全校的演讲比赛奖！可见年少的李国豪兴趣多么广泛。

李国豪16岁时，眼光投向了外面的世界。在读高中一年级的时候，他走出家乡梅州，一人去了上海，顺利考入国立同济大学预科。同济大学的"同济"二字，寓意同舟共济。

名扬海外 "悬索桥李"

在同济大学为期两年的德语预科班毕业时，李国豪学会了英语和德语，这为以后的进一步学习、海外留学以及国际学术交流打下了坚实的基础。

李国豪升读同济本科后，开始选择的是工科，到三年级分系时，又从原来感兴趣的机械专业转向了土木工程。1936年，李国豪以全优成绩大学毕业。而毕业前的一段实习经历，决定了他未来事业的方向：他到桥梁专家茅以升主持设计、修建的杭州钱塘江大桥工地上干了一个多月，从此，桥梁研究设计占据了他人生的重要位置。

1938年秋，李国豪获德国洪堡奖学金资助，前往德国达姆施塔德工业大学进修。留学期间，他的表现与潜能引起土木工程系新到任的教授克雷伯尔的注意。爱才心切、具有慧眼的伯乐克雷伯尔教授相中了李国豪，将他招至门下攻读博士。

次年春天，李国豪结合当时拟在德国汉堡修建的一座主跨800米的公路铁路两用悬索桥工程，开始了他的博士论文研究工作。他在博士论文中提出了独创的计算方法，解决了悬索桥建造中承受压力多少的计算难题，论文题目为《悬索桥按二阶理论实用计算方法》，并用模型试验加以验证，从而以优异的成绩获得工学博士学位。论文在《钢结构》杂志一经发表，即轰动了欧洲桥梁工程界，称他为"悬索桥李"。这一年，李国豪刚刚26岁。

李国豪获得博士学位后，第二次世界大战全面爆发。他无法返回中国，只得留在克雷伯尔的教研室继续搞科研。1942年，李国豪又以论文《钢构分析的几何方法》，成为首名获得德国"特许任教工学博士"学位的中国留学生。之后他一面从事教学，一面从事桥梁科研。

这位双料博士，以后又提出了一系列新的研究课题，发表了十几篇重要论文，如《弹性平衡分支的充分准则》《具有特殊支承的加劲梁的悬索桥理论》等，对悬索桥、桁梁桥和结构稳定的分析做出了创造性成果，极大地丰富了桥梁工程界的学术理论宝库。他的论文至今仍作为经典悬索桥二阶理论的宝贵历史遗产，被各国教材所引用。尤其在德国，"悬索桥李"，名扬海外。

辗转归国　报效祖国

二战结束后，李国豪偕同做医生的妻子叶景恩博士，坐上一列美军军列赶到巴黎。叶景恩在回国途中生下女儿李归华，取"回归中华"之意。几个月后，他们乘坐从法国开往越南的邮船，于1946年3月到达西贡（现胡志明市）。

不久，李国豪带着叶景恩与小归华，踏上从西贡回中国的归程。到达上海后，在救济总署等了三天，由时任上海市工部局局长、土木与市政工程专家赵祖康安排，进入工务局结构处任上海市工务局工程师。

不久，同济大学从抗战时期的大后方四川迁回上海。1946年，李国豪重返母校，出任土木系主任、教授，仍兼任工务局工程师，后任同济大学工学院院长、同济大学校长。

李国豪回国后担任同济大学校长，在繁重的行政和教学工作之余，仍坚持不懈地从事桥梁科学研究，先后发表了几十篇重要论文。李国豪针对常用的钢筋混凝土的构造，突破常规思路，解决了计算的方法问题，被称为"李氏理论"，为国际桥梁界广泛引用。

施展才华　献身教育

1952年院系调整，创办了同济大学桥梁工程专业。1955年李国豪被选聘为首批中国科学院学部委员（院士），同年任武汉长江大桥技术顾问委员会委员，开始培养桥梁工程研究生，并担任国务院科学发展规划委主任。1958年任南京长江大桥技术顾问委员会主任。1959年创建上海市力学学会，担任第一任理事长。

1977年李国豪任同济大学校长时，主持制定了同济大学"严谨、求实、团结、创新"的校训，提出"两个转变"办学方针：一是恢复德语教学及与德国联系紧密的传统，二是恢复同济大学综合性大学的发展定位。

李国豪是中华人民共和国首批桥梁专家、同济大学原校长、上海市政协原主席，并在研究悬索桥变位理论实用方法、结构稳定理论、离散杆系结构的连续化分析方法和析梁弯曲与扭转理论、桥梁振动理论等方面，提出了独到见解，取得了广泛的实践效果。他不仅是驾驭经典手法的巨匠，也是运用新技术的能手，始终站在学术界的前沿，指引着科研前进的方向。

李国豪也是一位"卓越的战略科学家"，他用自己极具说服力的研究成果力促上海宝钢上马，使宝钢成为中国和世界著名的钢铁工业基地。在南浦大桥、虎门大桥、洋山深水港建设及杭州湾跨海大通道等诸多具有里程碑意义的建设工程中，李国豪也都做出了不可磨灭的贡献。

同时，李国豪还是一位教育家，在近70年的教学生涯中，李国豪教书育人，诲人不倦，桃李满天下，培养出了多名院士。他要求工科学生一定要有扎扎实实的数理、力学基础。他说，桥基不稳，地动山摇。李归华姐弟4人无一继承父亲的事业从事桥梁建筑专业，对此，作为一生钟爱桥梁建筑的父亲，却从未引以为憾。他认为，一切顺其自然为好，孩子应该有自己的个性和爱好，应该根据自己的特长走自己的路。因此他的儿女们都学有所成，个个很优秀，在不同的岗位上尽职尽责，奉献着各自的才华。

在担任同济大学校长期间，李国豪倡导并直接组织实施了学校的两个转变，即从一所以土木为主的理工科大学向多学科大学转变，向国际化大学转变。这为学校的长远发展奠定了基础，现在同济大学已经跟国际接轨，与各国大学不断交流。

由于李国豪的卓越成就，国际桥梁及结构工程协会在1981年推荐他为十位国际著名桥梁专家之一。

2005年2月23日，一代桥梁大师李国豪在上海华东医院辞世，享年92岁。

"山猫"球队的"三强"绰号美名传

(1913—1992)

中国科学院院士、核物理学家钱三强的故事

他是中国原子能科学事业的创始人,中国第一枚原子弹爆炸成功的领导者;他是早年清华大学的优秀毕业生,投师世界著名科学家诺贝尔物理学奖获得者约里奥·居里夫妇,获法国巴黎大学国家博士学位;他被誉为"中国的原子弹之父",和夫人何泽慧被誉为"中国的约里奥·居里夫妇";他获得"两弹一星"功勋勋章……这个人,就是当年"山猫"球队的钱三强。

"鹰者,有三强"

钱三强,1913年10月16日出生于世代书香之家,籍贯浙江湖州，出生地为绍兴。父亲钱玄同是近现代著名的爱国学者，母亲徐琂贞是一位知识型的贤妻良母。钱三强原名钱秉穹，自幼随父母生活在文化古都北京的四合院里。母亲喜欢树木和花卉，小小的四合院里栽满了丁香、月季、海棠、蔷薇、桃花、李花，总是把屋子、庭院收拾得干干净净。客厅方桌上摆着一只花瓶，随着季节变化，变换着花瓶里的插花，屋里总是馨香宜人。

夏天，听母亲讲嫦娥奔月、吴刚砍桂树的故事。为什么砍桂树？桂树砍死没有？冬天，听母亲讲岳飞精忠报国的故事。精忠报国为什么反遭迫害？秦桧是个什么样的人？小秉穹对什么都爱问个为什么。

一天傍晚，小秉穹正在练习写方字块，忽然发现有一个男孩儿越墙进来摘桃子，他冲着母亲喊："有人偷桃子！"男孩儿听到喊声惊慌地摔到地上，小腿还划了道口子直流血，母亲转身从屋里取出干净布条，为那孩子包扎好伤口，又摘了几个熟好的桃子送给他。男孩儿含着热泪给母亲深深地鞠了个躬，用衣襟兜着那几个桃子离去了。

母亲没有说话，小秉穹也没问为什么，但母亲宽以待人的品行深深地印在了小秉穹的心底。对于父亲，钱三强后来回忆说，父亲是个忙人，除了在学校授课以外，还参加新文化运动，下午、晚上常跟朋友们讨论关于"德先生"和"赛先生"

的问题，并为《新青年》奔波约稿。直到深夜，父亲才读书写文章。父亲说，夜深人静，便于思索。父亲朋友很多，有春秋佳节登山临水的"逸友"，有奇文共赏的"雅友"，有直言规劝的"诤友"，有德才俱佳的"畏友"，还有助人为乐的"义友"。父亲孜孜不倦的治学态度和满腔热情追求真理的精神，在秉穹幼小的心灵播下了正直、不畏艰难困苦、积极向上的种子。

到了上学的年龄，父亲送秉穹进了由蔡元培等北大教授们联合创办的子弟学校——孔德学校，这是一所德、智、体、美、劳和外语等都很注重的十年制开明学校。"孔德"二字取自法国哲学家奥古斯特·孔德的姓氏，内涵丰富。父亲给他订阅了由中华书局和商务印书馆编辑出版的《儿童世界》《小朋友》等课外读物。随着年龄的增长，在父亲的引导下，他开始阅读《创造季刊》《语丝》等刊物，逐渐接触阅读古典和现代名著《西游记》《水浒传》《三国演义》《红楼梦》以及《鲁滨孙漂流记》《爱丽丝漫游奇境》等，还有鲁迅的《呐喊》《彷徨》等。这对于丰富钱秉穹的课余生活、开阔视野、养成读书习惯及提高写作能力，都有很大帮助。孔德学校外语开设的是法语，秉穹的外语学习当然也很不错。

秉穹的舅舅徐燕随外公辞官回南方时，送给他一张自己画的《鹰图》，并提了一行赠言："鹰者，有三强：一曰，目光敏锐；二曰，翅膀矫健；三曰，爪子锋利。燕舅祝愿秉穹像雄鹰一样展翅翱翔。"

秉穹非常喜欢这张鹰图，一直挂在自己房间的墙上。孔德学校同班的同学们来秉穹家玩，大家看到这幅鹰图，尤其感觉赠言跟图画非常贴切。有个姓周的同学见秉穹身体健壮，就像雄鹰，便给他起了个"三强"的绰号，这个绰号很快就在同学中传开了。

秉穹在班上各科成绩都很优秀，而且兴趣爱好广泛，刚进入初中就成了班上"山猫"篮球队的队员。他打后卫，和中锋配合默契，传球、投篮速度快，命中率高，真像名副其实的"三强"雄鹰。秉穹的乒乓球也不在话下，还是北京首届乒乓球比赛获奖者之一呢。

一次同班的李志中同学给秉穹写了一封信，开头称呼"三强"，落款"大弱"。这封原本是同学们之间相互称绰号的调皮信，恰巧让父亲钱玄同看见了。

绰号变美名

"这个'三强'和'大弱'是谁呀？"父亲风趣地问道。

"'三强'是同学们给我起的绰号，'大弱'是常来咱家的李志中。志中是他们兄弟姐妹中的老大，身体比较弱，所以他自称'大弱'。"秉穹认真地回答着父亲的询问。

"名字本来是个符号。我看'三强'这个名字不错。可以解释为立志，争取德育、智育、体育都进步，可谓'三强'。"钱玄同先生听了儿子的解释，当即赞同地说。

从此，钱秉穹真的就正式改名为"钱三强"了。

德育、智育、体育都进步，这是父辈对晚辈的祝愿和期望，也是钱三强自己的理想和追求。

20世纪20年代，孙中山先生提出了"联俄、联共、扶助农工"三大政策，正置国共两党第一次合作，南方开始了大革命。北伐军节节胜利、捷报频传的日子里，进步书刊开始在孔德学校流传。钱三强喜出望外地读到了孙中山先生的《建国方略》《三民主义》等。民族、民权、民生，《建国方略》里中国的建设蓝图被描绘得那么宏伟壮丽，南北、东西铁路干线，南、北、东方几个大港以及未来的电气化构想，太鼓舞人心了。这些杰作使钱三强豁然开朗，仿佛看到了祖国光明的未来。

当时的物理、数学课老师都非常出色，钱三强对数学、物理十分感兴趣，成绩在班上名列前茅。同学们在议论着时局，述说着各自的抱负。钱三强想，要使祖国不受屈辱，摆脱贫困，走向富强，非得有强大的工业不可！因此他打算学习理工，走工业救国之路。

钱三强走进父亲的书房，向父亲说出了自己打算高中毕业后学习理工，将来当工程师的想法。

这位一向提倡民主和科学的学者，向来也践行着开明的家风，对孩子们的兴趣和志愿，总是采取支持、保护或引导的态度。父亲问他打算报考那个学校？钱三强说打算报考上海交通大学。父亲提醒他："上海交大完全用英文教学，而你中学学的是法文，恐怕会有困难。"外语的语种他确实没有想过。父亲建议他先进北京大学理学院预科，待英语赶上后，再考上海交大。钱三强听从了父亲的建议。可是北大理学院入学也考英语，后来钱三强申请获准用法语考试而考取。一向活泼爱动的钱三强，入学后变成了另一个人，他拼命补习和追赶英语。只要不上课，他就一头扎进图书馆，查字典、对笔记；回到家里，三口两口吃完饭，立刻猫进自己的房间，或朗声阅读，或埋头学习。学期末英语顺利过关——及格了，其他各科成绩当然也都不错。这一年，他17岁。

北大的学术气氛浓厚，学术思想自由，经常请外校知名教授来校讲课或演讲。学生可以自由选修，本科学生上课，预科学生可以旁听。

一天，布告栏贴出海报：本校兼聘清华大学吴有训教授，讲授近代物理学。吴教授到校讲课这天，钱三强怀着强烈的好奇心和求知的欲望，早早来到教室寻找了一个合适的座位。吴教授首先在黑板上写了五个大字：振动与共振。然后边讲边用简单的教具进行演示和实验，而教具只是一些长短不一的绳子和几节电池。钱三强非常钦佩吴教授深入浅出的教学方法，崇敬之情，油然而生。也因此，钱三强萌生了报考清华大学物理系的念头。

有志者事竟成　严师出高徒

钱三强北大预科毕业后，真的放弃了报考上海交大学工的初衷，转而考取了清华大学物理系，从师于留美归来的叶企孙、吴有训、赵忠尧和萨本栋等教授。俗话说，严师、名师出高徒。

强三强不负师望，清华大学毕业不久，物理学家严济慈慧眼识英才，在他的举荐下钱三强考取了公费生留学法国巴黎大学，从师著名科学家约里奥·居里夫妇。钱三强在法国学习、研究科学，一干就是11年，期间取得了令世人瞩目的科学成果。中华人民共和国成立前夕，他毅然回归，报效祖国，实现了青少年时代的理想。

1992年6月28日，钱三强在北京病逝，享年79岁。

"中国的居里夫人"

(1914—2011)

中国科学院院士、核物理学家何泽慧的故事

在中国科学院物理研究所里有一位女科学家,长期全面领导及研究中子物理和裂变物理实验,推动了宇宙线超高能物理和高能天体物理研究,并做出了卓越的贡献,被西方学界誉为"中国的居里夫人"。她就是中国科学院院士、核物理学家何泽慧。何泽慧有着哪些鲜为人知的故事呢?

出身名门 聪慧好学

何泽慧,1914年3月5日出生于江苏苏州名声显赫的何氏古典苏州园林式大宅院,籍贯山西灵石。父亲何澄,近代实业家，同盟会成员，早年留学日本，曾追随孙中山先生，欲实现救国强国之梦；母亲王季山，物理学翻译家；外祖母，近代女教育家，苏州振华女子学校创始人。

何泽慧兄弟姐妹中多人都是科学家、大学教授，或高级工程师。她排行老三，更是出类拔萃，且自幼机灵敏捷，酷爱读书，成绩优异，深受父母的宠爱。

何泽慧成长在开明进步的家庭和学校环境中，自小培养了自尊自强的进取精神，立下了献身科学的志愿。然而，她渐渐地有些孤傲，不愿意陪弟妹们玩耍，认为那是在浪费时间。稍长，她被父亲狠狠地批评了一次，开始抽空陪弟妹玩耍，还为他们织毛衣。这也启蒙了她的互助合作精神。

成绩优异　考入清华

1932年，何泽慧从外祖母创办的苏州振华女校高中毕业，随几位同学前往上海报考大学。考试前，父亲与她开玩笑说："考上大学就去上，考不上就当丫鬟。"

何泽慧随身带了两元钱，与几位女同学搭船来到上海，在一位同学家里搭铺过夜。在上海，她分别参加了浙江大学与清华大学的招生考试。

她的第一志愿报的是浙大，第二志愿是清华。没想到，报着"考不上就去做小保姆"的念头,何泽慧考了个女状元。报考浙江大学的有800多人,她报考的是物理学系,他们录取的只有何泽慧一个女生。

然而,就是她最不抱希望的清华大学,也被她考中了。总共录取28人,她是其中之一。虽然浙江大学发了录取通知书,何泽慧最终还是选择了清华大学物理系。

清华大学的学业格外繁重而严格,那时的物理系,名师云集,盛极一时。理学院第一任院长、物理学家叶企孙,早年获得美国芝加哥大学博士学位的物理学家吴有训等,都在此任教。这一年清华大学物理系所招收的28名学生之中,10位是女生。但由于受到传统偏见的影响,教授们认为,女生读物理难以学有所成,纷纷劝她们转系。何泽慧坚持要学物理,她来了犟劲,教授们只得接受。

最终只有10人顺利毕业,而何泽慧又是这10人中的第一名,第二名就是后来成为她丈夫的钱三强。当初劝女生转系的教授们,都向何泽慧伸出了大拇指。

出国深造　学成回国

何泽慧清华大学毕业后找工作时,再次受到了挫折。就在她苦于无法施展抱负时,她得到一个消息,山西省委省政府有一项规定：凡是毕业于国立大学的山西籍学生，山西省均资助3年共3000大洋出国留学。何泽慧虽然出生在苏州，但祖籍山西省灵石县。于是她立即回山西办好手续，赴德国学习弹道学。

当时，日本已入侵中国，南京军工署招去了好多学生。不过他们是不要女生的。"他们不要我，我自己出去。我到德国去！"何泽慧说。说来奇怪得很，何泽慧要去读的那个研究所，本来不收外国人，因为它跟军工有关系。

20世纪30年代，中国与德国在军事上有一定合作关系。出国前，何泽慧从在南京军工署工作的同学王大珩那里得知，德国柏林高等工业大学技术物理系的系主任曾经在南京军工署当过顾问。于是，她到德国后直接找到了这位系主任。

技术物理系主任跟她见面，说这个不大可能，因为他们技术物理系是个保密的系，是不可能吸收外国人的，尤其更不可能吸收女性来学弹道专业。

何泽慧就跟系主任说："你可以到我们中国当我们军工署的顾问，帮我们打日本鬼子。我为了打日本鬼子，到这里来学习这个专业，你为什么不收我呢？"那个系主任被问得哑口无言，破例接收她在那儿学习。这是技术物理系第一次收外国学生，也是弹道专业第一次收女性学生。

1940年，26岁的何泽慧以《一种新的精确简便测量子弹飞行速度的方法》为题目的一篇论文，获得柏林高等工业大学技术物理系工程博士学位。

由于第二次世界大战爆发，她不得已在德国滞留下来。为了更多地掌握对国家有用的先进科学技术，她进了柏林西门子工厂弱电流实验室，参加磁性材料的研究工作。1943年，她来到海德堡威廉皇家学院核物理研究所，在玻特教授的指导下从事当时已初露应用前景的原子核物理研究，曾首先观测到正负电子碰撞现象，被英国《自然》杂志称为"科学珍闻"。

1946年春天，何泽慧从德国来到法国巴黎，和大学时期的同学钱三强结婚，开始共同的科学生涯。他们一起在约里奥·居里夫妇领导的法兰西学院原子核化学实验室和居里实验室工作，合作发现了铀核裂变的新方式——三分裂和四分裂现象，在国际科学界引起很大反响。因为铀核"三分裂"现象由何泽慧首先发现，所以她被西方媒体称为"中国的居里夫人"。

1948年夏，何泽慧同钱三强一起，满怀爱国热忱，历尽艰辛回到祖国，参加了北平研究院原子学研究所的组建。另外，何家八姊妹在中华人民共和国成立前，全部回国，报效祖国。

报效祖国　奉献终生

1949年后，何泽慧全身心地投入中科院近代物理研究所

（1953年改称物理研究所）的创建工作。1955年初，何泽慧积极领导开展中子物理与裂变物理的实验准备工作。由她具体领导的研究小组，在十分简陋的条件下开展工作，经过几年努力，于1956年研制成功性能达到国际先进水平的原子核乳胶，并获国家自然科学奖。

1958年，中国第一台反应堆及回旋加速器建成后，她担任中子物理研究室主任，在相当长的时间里领导当时的中子物理研究工作，为开拓中国中子物理与裂变物理实验领域做出重要贡献。她还看准了快中子谱学的国际发展趋势，不失时机安排力量开展研究，使中国快中子实验工作很快达到当时的国际水平。

何泽慧1964年起担任原子能研究所副所长。"文革"浩劫中她在劫难逃，但是她对祖国的赤胆忠心永不动摇，献身科学、勇攀高峰的决心永不动摇。

1973年，中科院高能物理研究所成立后，何泽慧担任副所长，积极推动宇宙线超高能物理和高能天体物理研究的开展。她倡导和全力支持开展交叉学科的研究，推动了中国宇宙线超高能物理及高能天体物理研究的起步和发展。在她的倡导与扶持下，高能物理研究所原宇宙线研究室通过国内、国际合作，在西藏岗巴拉山建成了世界上海拔最高的（5500米）高山乳胶室，使中国成为当时少数几个能生产核乳胶的国家之一，推动了中国高能天体物理的研究工作。

同时，她还从无到有、从小到大地发展了高空科学气球，并相应发展了空间硬X射线探测技术及其他配套技术。

1980年，何泽慧当选为中科院数学物理学学部委员（院士），并以满腔热情培养扶植后学，甘当人梯。在她的带领和影响下，一代代年轻人迅速成长起来，成为我国原子核科学事业各个方面的骨干力量和带头人。何泽慧个人生活极其简朴，为人极其低调，在任何场合都把自己放在普通人的位子上；她平易谦虚，没有一点儿架子；她摒弃虚荣和风头，在荣誉面前始终保持着冷静、清醒的头脑；她坚持实事求是，绝不苟且附和，其质朴直率的性格鲜亮可见。

就是这样一位德高望重的科学家，在1994年国家科学出版社出版《中国现代科学家传记大辞典》时，她坚决不同意为自己立传，故在此系列丛书第六集"物理学"部分，没有她的名字。她的传记出现在了书中最后，编者不得不加了特别说明："此篇传记虽早已约稿，但因何泽慧本人谦让，不同意立传，后在本书编辑组一再要求和催促下，作者才着手撰写并于全书付印前交稿。因全书页码已定，不便插入相应学科，故补排在最后。特此说明。"

耄耋之年，何老仍然坚持全天上班，而且不让专车接送，坚持自己乘公共汽车。直到2000年，每周她还要坚持几次到研

究所上班。她的儿女也都是大学的物理、化学教授，堪称科学世家。她和钱三强亦被誉为"中国的居里夫妇"。

从2005年起，时任国家总理的温家宝先后6次去看望何泽慧老人，给予她高度评价："何先生在女科学家中是少有的，是人中龙凤。"

2011年6月20日，何泽慧在北京协和医院逝世，享年97岁。

披荆斩棘　创新前行

（1915—2011）

中国两院资深院士、"中国光学之父"王大珩的故事

"光"，这个神奇的东西，无时无刻不在我们身边，可是我们却摸不着也抓不住它。有一个人，不但抓住了它，而且研究了它一辈子，让它服服帖帖地造福于祖国和人民。

这个人就是被誉为"中国光学之父"的光学家，中国近代光学工程的重要学术奠基人、开拓者和组织领导者，中国杰出的战略科学家、教育家王大珩。你知晓多少关于王大珩的传奇故事呢？

坚实起步　受益一生

1915年2月26日，怀着"师夷长技以制夷"而科技救国的中国近代物理学和气象学家王应伟，在异国他乡的日本东京做了父亲，妻子是周秀清。这天出生的男婴就是籍贯苏州、日后成为"两弹一星"功勋科学家的王大珩。

也就是在这一年，中国政府签署了屈辱卖国的《二十一条》，激起了全国人民的大规模反日爱国运动。此时王应伟决定，立刻回国。他给尚在襁褓中的儿子起了一个小名"膺东"，寓意义愤填膺、抗击东洋。

学贯中西的王应伟，试图以自己的学识和能力，改变国家的落后局面，同时期望培养出具有科学素养的全新儿女。小膺东曾跟着父亲去他工作的中央观象台即北京古观象台游玩，听其讲述古观象台曾经有过的辉煌，特别是那些古人传下来的、已经被强盗们掠夺走的精美天文仪器。

父亲告诉儿子，在这个世界上，靠乞求是什么也得不到的。无论是个人还是国家，都只能靠自强。人自强了，就没有人敢欺负你；国自强了，就没有人敢侵犯你的国家。

父亲的话，在童年的小膺东听来，似懂非懂。可是有一次父亲把一根筷子斜放进水里面，他看见那根筷子进水的时候弯了一段，父亲告诉他这是光的折射效应，使他记忆犹新。这时他对"光"充满了好奇，并记住了"光学"这个词语。父亲的一副老式眼镜挂在脸上，厚厚的镜片上永远反射着凛厉的光。哇！父亲有时好严厉呀！

曾任幼稚园教师的母亲，闲暇时教他识字、背诵诗文。让母亲吃惊的是，小膺东竟能过目不忘，在很短的时间内就学会了上千个汉字和简单的算术。刚刚5岁的小膺东，父亲决定让他"上学去！"

入学时父亲给他起学名叫王大珩，就是秉承"玉不琢，不成器，人不学，不知义"的古训，希望他成为一块放光的大玉。自此之后，"珩"字融入他的一生。

刚一上学，大珩便直接走进了北京孔德小学二年级的教室，两年后转入北京汇文学校。因为父亲的重视，从小到大，王大珩就读的几乎都是一流的学校。在汇文学校初中毕业时，王大珩以数学、科学两门第一的成绩，考入著名的青岛礼贤中学高中。这些学校的共同特点是师资力量雄厚，并且注重学生综合素质的培养。良好的教育，为王大珩的未来打下了坚实的基础。

虽然父亲的严厉教训经常让王大珩面红耳赤，却也直接训练了他严谨的学习态度，并且受益终生。王大珩姊妹七人以及他后来的儿女，都各学有专长，堪称科技世家。

名校名师　光照前程

　　1932年，王大珩高中毕业后，同时考取三所大学，最终选择了清华大学。入学前，父亲只对儿子说了一句话："好好学。无识无能便无以自立自强，不自立自强者必遭欺辱。此为公理。人、家、国，莫不如此。"

　　带着父亲的叮嘱，17岁的王大珩背着简单的行李，踏进了清华园，进入清华大学物理系。那时的清华园里名师荟萃，最值得一提的就是叶企孙教授。叶教授在物理学领域造诣极深，并且在教学方法上也是独树一帜，堪称中国物理学界的一代宗师。然而，最令王大珩敬重的还是叶企孙教授的为人。叶企孙有一颗诚挚的爱国之心。只要是对国家、民族有利的事情，他就一定要倾尽自己全力去做，而且无怨无悔。这种高尚的品格在王大珩身上得到了传承。在清华，王大珩不仅结识了良师，也结交了益友。在他的同学中，有著名物理学家钱三强、何泽慧，以及经济学家于光远等。钱三强是他的挚友，小学大学两度同窗。

　　"九一八事变"爆发，日寇的铁蹄踏入了中国东北，大批学生流亡关内。"我的家在东北松花江上……哪年，哪月，才能够回到我那可爱的故乡……"深沉悲壮的旋律，激荡着王大珩年轻的爱国之心，也成为他学生时代最爱唱的歌曲。

1936年，王大珩从清华大学毕业，留校当了半年的助教，而后再次以优异的成绩考取了"史量才奖学金"，攻读研究生核物理专业。1937年的一天，突然炮声隆隆，七七事变爆发了。这时，王大珩正在实验室里与导师赵忠尧教授一起做物理实验。当大家接到消息，走出实验室时，北平已经笼罩在战争的阴霾之中。

一次，王大珩自己从北京乘火车到上海去，途经天津的时候被日本浪人从火车上轰下来，以便运送日本浪人走私的人造丝。这让王大珩一生难忘。此时的他终于明白父亲一直对自己说的话，"无识无能便无以自立自强，不自立自强者必遭欺辱"，也终于理解了父亲一直努力践行的"科技救国"是一份怎样的情怀。王大珩也拥有了与父辈一样的理想。

远涉重洋　负笈求学

1938年，23岁的王大珩在逃难途中，考取了"英庚款"留学资格。海外求学，王大珩能否实现他兴国安邦的理想？异国他乡的求学之路，又将经历怎样的人生抉择？

王大珩选择了应用光学专业，他认为应用性质的专业更有利于国家建设。当时，光学还是新兴的学科。这年的10月，他只身来到伦敦,走进了伦敦大学帝国学院。

两年之中,帝国学院技术光学实验室里,每天都可以看到一个中国留学生的身影。起初大家并不在意,慢慢地,人们发现这个中国青年很不简单——不但基础知识扎实,学习成绩优异,而且做起实验来方法灵活,仪器设备使用起来得心应手。于是同学们有了问题,常常喜欢请他帮忙,找他商量。老师给予他很高的评价。他就是王大珩。

1940年夏季,王大珩获得伦敦大学帝国学院理学硕士学位。就在这一年,德国法西斯挑起了"不列颠之战",英国陷入战火之中。战争带来灾难的同时,也赋予了机会。当时光学玻璃在战争中被大量应用,并被西方各国视为重要的保密技术。

如此重要的技术,在中国竟还是空白。王大珩决心要学会制造光学玻璃,圆祖国的光学之梦。于是第二年,王大珩进入英国雪菲尔大学玻璃制造技术系,师从世界著名玻璃学家特纳教授,攻读博士学位。然而,就在王大珩即将博士毕业时,一个偶然的机遇出现在他的面前。

他的一位好友在昌斯玻璃公司,公司要派这个好友去进修。好友告诉他说:"公司可以进一个人,在实验室,你是不是要去考一下?"王大珩那时还没有拿到博士学位,马上就要写博士论文。

怎么办？这个选择对王大珩来说格外重要。他觉得抗日战争时期中国尤其需要光学玻璃，一个国家没有光学玻璃，那么光学就不能独立，也就不能搞对抗战有用的光学仪器。王大珩选择了玻璃公司，选择了为祖国掌握一项尚处空白的新兴技术。他毅然放弃了即将获得的博士学位。这该是多大的胸襟哪！

导师和同学都试图劝阻他，但未能改变他的选择。1942年，王大珩进入伯明翰的昌斯玻璃公司，担任研究实验部的物理师。公司需要把科研和生产紧密结合起来，在实际工作中，王大珩培养了自己的动手能力、管理能力、协调能力，真正掌握了应用科学的精髓，而这些都是在学校很难学到的。这为他日后的科研工作起到了重要作用。

王大珩在公司的科研能力和工作成绩十分突出，如该公司稀土光玻璃的研究，是英国最早进入该领域的厂家；期间他还发明了V棱镜精密折射仪，获得英国科学仪器协会第一届"青年仪器发展奖"；他和同事们的研究成果还获得英国专利；等等。这一干，就是6年。

报效祖国　创新前行

1948年6月，王大珩终于结束了漂泊之旅，回到了阔别10年的祖国。当时正处于内战时期，王大珩深感迷茫，只得暂时进入上海耀华玻璃厂担任工程师。他就像一个野外探险者，面前荆棘丛生，需要披荆斩棘、开辟新路前行。正值此时，又有两条路摆在他的面前：一是原来在英国服务的公司打来电报让他回去，二是去解放区。

怎么办？留学十年，为的就是学成报国。于是，王大珩选择了去解放区开辟新天地。1949年春天，他绕道香港、取道朝鲜、前往大连，参与筹办大连大学，并担任大连大学工学院应用物理系主任、教授。大连大学创办于中华人民共和国成立前夕，是新中国创办的第一所正规大学。

面对中国当下的"一穷二白"，怎么办？唯有艰苦创业。首先是招贤纳士，网罗人才；其次，没有仪器设备，就到旧市场去搜、去找，捡回来自己动手修；最后，把几百名学生分编成若干小组，保证学生的实验课程。

不久，王大珩又北调去筹建中国科学院长春仪器馆，后担任馆长。1955年，王大珩当选为中科院学部委员（院士）。

之后，他又创办长春光学精密机械学院（现长春理工大学）首任院长，任中国科学院长春光学精密机械仪器研究所研究员、所长……

王大珩不断创新，主持制成了中国第一台激光器、第一台大型光测装备和许多国防光学工程仪器，主持制定了中国第一个遥感科学规划，领导了综合性的航空遥感试验；1985年，王大珩获国家科技进步特等奖；1986年3月，王大珩、王淦昌等4名科学家向中央提出"关于追踪世界高技术发展的建议"，这一建议直接促成了《国家高技术研究发展计划》（简称"863计划"）；1992年，5位学部委员倡议并促使中国工程院成立；王大珩还曾荣获全国劳动模范；等等。

现存放于长春光机所的V棱镜精密折射仪，就是王大珩1948年归国时带回的当年的获奖作品，虽然已经过去了半个多世纪，但仍可快速测出某种玻璃光性的精度。

2010年2月26日，经国际天文学联合会小天体提名委员会批准，第199728号小行星命名为"王大珩星"。

2011年7月21日，这位光学大师在北京辞世，享年96岁。但是"王大珩星"将永放光芒，为后人照亮前行。

蝉鸣诱发的兴趣

(1915—2012)

中国科学院院士、声学泰斗马大猷的故事

摸不着、看不见的声音,时刻影响着我们的生活。有一位科学家,始终把声学研究作为自己的兴趣所在。他就是国际著名的声学家、我国声学的开创者、中国科学院院士马大猷。

蝉鸣悦耳如唱歌

马大猷,1915年3月1日出生于北京,祖籍广东潮州。父亲马有略,清末曾考取举人,任职北洋政府农商部"办事"。后因政府经常欠薪,家中不时靠典当衣物维持生计。虽然生活窘迫,但是添丁进口也是喜事。因此,父母为这个男孩儿起乳名叫"雄才",上学后叫"大猷",寓意尽展雄才大略。

全家一起客居北京潮州会馆时,院里有椿树、石榴树和夹竹桃。每到夏末初秋,大猷便陶醉于悦耳的蝉鸣声中。在他心中,蝉发出的叫声如同优雅的歌声,听得他如痴如醉,甚至忘掉吃饭。

这样的日子也没有维持多久,父亲不幸病逝,只得靠母亲做针线活贴补家用。大猷从小就体会到贫穷的滋味。他在小学、中学都很用功,他不想辜负父母的期望,学习刻苦、用心。中学的生物课上,老师提到雄蝉以特有的生活习性和退化了的鼓膜发声器,使得空气振动而发出高亢而动听的鸣声,这使他牢记在心。他又把蝉鸣的问题带到了物理课,与声学挂钩,这使他觉得声学真是妙趣横生。他立志,长大后一定要研究声音里的奥妙。

1930年,15岁的马大猷靠北京潮州同乡会的资助,得以完成中学学业。

当时我国正处于内忧外患的年代,日本帝国主义侵占东北、觊觎华北,马大猷在青少年时期,目睹了侵略者的残暴。爱国学生们痛感国家贫弱招致的苦难,许多青年学生由此树立起"科学救国"的信念,马大猷就是其中一个。

中学毕业后,他以优异的成绩同时考取了北京大学和清华大学。但是由于清华的学费每年260元,北大每学期只有10元,于是他放弃了"富清华",来到了"穷北大",就读于北京大学物理系。大学毕业之后,他又凭借着自己的勤奋和聪颖,考上了清华大学留美公费生。而童年时蝉鸣诱发的兴趣,将使他为之奋斗终生。

研究声学　实现梦想

到了美国,他矢志不渝学习、研究声学,1939年获哈佛大学硕士学位,1940年获哈佛大学博士学位,成为哈佛大学历史上第一个仅用两年时间就拿到博士学位的人,年少成名,同年成为美国声学学会正式会员。他主要从事物理声学和声学装修的研究,发展了建筑声学中的简正振动方式理论,提出了简正频率分布定律。

他对事业兢兢业业,不仅学术成果举世瞩目,而且还是音乐的痴迷者,吹笛子、拉二胡、唱昆曲、听贝多芬交响曲等,样样在行。

当时恰逢国难当头,在《义勇军进行曲》的感召下,他义无反顾地回到祖国,渴望用自己学到的知识实现"科学救国"的梦想……在回国的途中,他参观了纽约世博会上的声学展品、盐湖城著名的声学建筑等。

辗转回国后,马大猷希望科研服务于抗战,后受时局所限而致力于教育，为国家培养人才。1940—1946年，他任清华大学和西南联大副教授、教授；1946—1952年，他任北京大学教授兼工学院院长；1952年后他历任哈尔滨工业大学教授兼教务长、中国科学院声学研究所研究员及副所长、中国科技大学教授、数学物理学部副主任及研究生院副院长、全国声学标准化技术委员会主任等。建立中国现代声学，一直是马大猷的目标。20世纪五六十年代，他参与正式设立声学研究室，领导建立了我国第一个声学实验室、水声实验室、高声强实验室等。

投身建设　施展才华

20世纪50年代，北京建设了"十大建筑"，马大猷是当年人民大会堂建设的音质负责人。他组织众多声学专家讨论、设计了基本方案，在实验室进行模型实验，然后提出分散声源和联结立体声系统，并在人民大会堂安装调试。

结果显示，人民大会堂音质设计和处理完全成功，马大猷解决了世界上最大的会堂建筑中的扩音问题。中国的声学研究从此得到了世界同行的肯定。如今，人民大会堂仍使用着当时的声源系统在举办大会、大型文艺表演等。

1966年，根据国防要求，马大猷研制了防火性能强、吸声效果好的微穿孔板吸声结构。之后他又把该结构推广到民用范畴，逐步形成了微穿孔板理论。该理论的影响逐渐超越国界，后来被用来解决德国新议会大厅的声学难题等。他在声学研究中取得了许多世界水平的成果，如微穿孔板吸声结构理论、流体噪声的压力定律、小孔消声和扩散消声理论等。

马大猷在语言声学、电声学、次声学等方面，也做出了贡献。1992年，国际声学委员会主席因非线性研究专门参观了马大猷的实验室，而之后马大猷又领导研究组在非线性声学领域获得了重大突破。

马大猷，1978年获全国科学大会奖，1980年获中国科学院重大成果奖，1981年获国家自然科学奖，1997年获德国夫琅和费协会金质奖章及建筑物理研究所ALFA奖，1998年被评为中科院资深院士，同年获何梁何利科学与技术进步奖等。

他襟怀坦荡，对祖国的建设事业满怀赤诚。他围绕国家发展"两弹一星"的战略，以高度的社会责任感和强烈的爱国心，陆续开展了一系列声学的高端研究工作。2005年，90岁高龄的马大猷上书温家宝总理，就基础研究和自主创新等问题谏言献策……遗憾的是，长期实验工作对他的听力造成损伤，这位闻名世界的声学泰斗晚年不得不借助助听器为后生们讲课、指导、研究……2012年7月17日，这位声学界的"骏骥"离开人们而远去。

精忠报国　攻坚克难

（1915—2007）

中国科学院院士、"两弹一星"功勋科学家彭桓武的故事

在中华民族走向伟大复兴的今天，那些创造"两弹一星"的科学家们功不可没。他们之中有一位科学家，长期从事理论物理的基础与应用研究，先后又开展了关于原子核、钢锭快速加热工艺、反应堆理论和工程设计以及临界安全等多方面研究，对中国原子能科学事业做了许多开创性的工作和重要贡献。你知道他是谁吗？他的名字就叫彭桓武。他又有着怎样的可歌可泣的故事呢？

出身忠门　聪颖好学

彭桓武，1915年10月6日生于吉林省长春，籍贯湖北麻城。父亲彭树棠，清末举人，德学兼优，早年留学日本早稻田大学法政专业，是著名的爱国官员，曾掌管涉外事务。彭树棠忠于祖国，恪尽职守，后任民国时长春县第三任县长，以敬业为民、两袖清风赢得长春人民的爱戴，人们尊称他"长春彭"。后来彭树棠辞去官职，投身教育与慈善事业。母亲陈思敬，为人忠厚正直，生活勤劳简朴，操持家务。父母的人品对儿子影响很深。彭桓武出生时由于是早产儿，父母希望孩子身体健壮，故起乳名"梦熊"寓意能像熊一样体壮。没想到小梦熊身体没壮起来，熊脾气却一天天大起来。他脾气虽倔，小脑瓜儿倒很灵活。

小桓武自幼酷爱数学和计算。父亲在他幼年时就教他简单的加减法，4岁时他已学会四则运算。彭桓武自幼体弱多病，闹病时不得不请假在家，于是读小学和私塾，便花了7年时间。在这期间，父亲的大书柜成为他的宝库。在父亲的指导下他自学了《史记》全书和《二十四史》《汉书》等部分章节，唐诗宋词自不在话下，"从未学赋也会作赋"。这样一来，一方面促使他养成了阅读、自学的习惯，另一方面也形成了他不爱与人交往的孤僻习性。

兄长相助　勤奋自强

　　因自幼生病在家，所以进了中学他不会处理和同学的关系，又因为身体羸弱，免不了受一些同学欺负。他无力还击，只好常常宽恕他们，甚至以仁慈之心对待欺负过他的同学，久而久之，又修养成为一个宽宏大量的人。

　　彭桓武的数学、语文、英语等主科都非常优秀，可初二时却发生了一件使他无法忍受的事情。班里的书柜丢了一本小人儿书，一个小个子同学故意诬传是彭桓武"偷了"。彭桓武觉得人格受到了侮辱。他暗中调查，有了充足的证据后，从不与人打架吵嘴的彭桓武，一天课后等候在门口。那个偷书的小个子刚出校门，彭桓武就劈头盖脸地"啪，啪，啪！"打了他个措手不及，"彰显"了一下男子汉气概。

　　可是回到家，他跟父亲说再也不去上学了。父亲知道此事后，并没有责怪他。转眼暑假到了，比他大一岁的哥哥彭梦佛，自告奋勇向父母说："下学期，我带弟弟去吉林念书！"就这样，彭桓武离开长春的自强中学，随哥哥来到吉林的毓文中学。彭桓武自己改名"彭飞"，他要学岳飞的精忠报国，学张飞的勇猛无前！

彭桓武第一次离家，日常生活全由哥哥照顾，身体渐渐壮实。毓文中学的数学、物理老师都出自南开大学和北京大学，学养深厚。有一次物理课上老师讲透镜，写了一个公式，彭桓武感到既不解又惊奇。课下去找老师请教，物理老师送给他一本北京大学普通物理英文教科书，他如获至宝，这也成为他后来从事理论物理研究的起点。

哥哥买回了达尔文的《物种起源》和汤姆生的《科学大纲》等科学巨著，科学巨人们的智慧灯塔照亮了少年彭桓武的心扉。他与科学巨人们一起，跋涉在崎岖的科学山路上。同时，还有父亲经常讲述的爱国英雄们的故事，也鼓舞着他。

父亲早已看到日本帝国主义对我国东北的垂涎，也看出儿子们必将承担国家命运和民族荣辱于双肩，所以不时抓住时机对儿子进行教育并给予鼓励。1930年仲夏，初中毕业的彭桓武跟随父亲和哥哥来到北京求学。彭桓武先后考上北师大附中高一和汇文中学高二，哥哥考上北京第一中学高中。

彭桓武决定上汇文中学。汇文的绿茵草坪和网球场，让他爱上了网球。后来，他又进入主要靠自学的大同中学。一天，他陪同一个同学去清华园看望四川老乡。才进清华校门，彭桓武就被一片青青的草坪吸引，又经那个同学老乡的进一步介绍，彭桓武开始倾心于清华大学。为了实现未来的科学梦想，他决心从脚下的绿草坪开始，蹒跚起步。

考入名校　名师指引

彭桓武买来《投考指南》，开始了清华大学备考。距离考试只有4个月时间，他为自己制定了周密的复习计划：数学、物理、化学及副科各复习一个月，并按照《投考指南》认真做上面历届的每一道考题。

1931年9月，16岁的彭桓武，凭自学以第七名成绩考入清华大学物理系，又遇到了吴有训、叶企孙、周培源等一位位名师，真是他人生的幸运。然而，不幸的事情也接踵而至。

"九一八事变"，东北沦丧，家乡失守的同学抱头痛哭，"把日本鬼子赶出去"的声浪一浪高过一浪。为了抗日，清华大学师生们开始军训。彭桓武每天很早就起来，参加操练。一天跑步时，他突然晕倒，摔在地上爬不起来，被老师和同学送到学校医院抢救。经医生检查确诊，他患的是心脏瓣倍频引起的脑贫血，被明令禁止剧烈运动。于是，3个星期的军训操练，他只好坐在太阳底下观看。而这时，哥哥已经投笔从戎。

窘迫的现实，逼着彭桓武去思考：自己下一步应该怎么办？受到精神和身体双重打击的彭桓武，其强烈的民族自尊心和爱国情怀，皆化作在自然科学领域自觉钻研和学习的动力。他的面前摆着两个目标，一是尽快恢复健康，练好身体；二是学好学业，走科学救国的道路。二者平行，缺一不可。

彭桓武自幼体质太差，身患多种严重的慢性病，关节炎、消化不良，甚至神经衰弱等。他选择了动作较舒缓的传统武术来锻炼，如拳术、刀术、棒术……他长期坚持，不懈努力，同时按照医生的嘱咐，多吃豆腐、鸡蛋、菠菜，加强营养，身体一天天好起来。阅览室一本英文版的《家庭医生》，对他也很有帮助。慢慢地，他又恢复了打网球的爱好。

学习上，他严格遵循主修物理、选修化学、旁听数学的学习计划，除了上课、做实验、完成作业、写实验报告之外，他一头扎进了图书馆，博览群书。每天，他都在紧张而又有序中度过。

大学二年级时，叶企孙教授让他加强英语练习，于是他订阅了《英文周刊》，抓紧一切空余时间自学，英语水平提高很快。周培源教授更是非常喜欢这个虽然体弱但功课优异的少年大学生，并亲自指导他的毕业论文《地球上单摆的摆动周期是多少？》。

1935年大学毕业后，彭桓武又进入清华大学物理系研究生院，成为周培源先生的研究生，继续深造。研究生即将读完，"卢沟桥事变"爆发，日寇的铁蹄践踏至华北，北京危在旦夕。人们开始逃难，彭桓武被迫南下到云南大学当了一段时间的教师。1938年，23岁的彭桓武考取中"英庚款"留学资格，赴英国留学。

科学救国　留学海外

1938年9月,彭桓武来到苏格兰首府爱丁堡大学,投师于德国理论物理学家、量子力学奠基人之一马克斯·玻恩门下,成为玻恩的第一个中国学生。

在玻恩的指导下,彭桓武于1940年和1945年分获爱丁堡大学哲学博士和科学博士学位。玻恩和爱因斯坦有着30多年的交谊,在给爱因斯坦的信中,玻恩数次提到这位得意的中国学生。

经玻恩推荐,彭桓武前往爱尔兰都柏林高等研究学院进修博士后,在著名科学家埃尔温·薛定谔领导的理论物理所工作。不久,他帮助量子化学的创始人之一W.海特勒进行了介子理论方面的研究。1945年,与玻恩共同获得英国爱丁堡皇家学会的麦克杜格尔-布里斯班奖。

彭恒武后任都柏林高等研究学院理论物理研究所助理教授,并于1946年夏出席在剑桥大学举行的战后第一次基本粒子会议。

薛定谔在给爱因斯坦的信中也夸奖彭桓武:"简直不敢相信,这个年轻人学了那么多,知道那么多,理解得那么快。"

学成归来　报效祖国

1947年回国后，彭桓武先后担任过云南大学、清华大学、北京大学和中国科技大学物理系教授，是中华人民共和国成立后中科院首批学部委员（院士）。从20世纪50年代中期开始，彭桓武参与和领导了中国原子能物理和原子弹、氢弹以及战略核武器的理论研究和设计，在中子物理、辐射流体力学、凝聚态物理等多个学科领域攻坚克难，取得了重要成果。

彭桓武是核潜艇动力方案的领导者，领导和参加了原子弹设计方案、氢弹的原理设计和试验以及中国第一次地下核试验的理论领导工作，对中国原子能科学事业做了许多开创性的工作，对中国第一代原子弹和氢弹的研究和理论设计做出了重要贡献。他于1982年获国家自然科学一等奖，1985年获国家科技进步特等奖，1995年获何梁何利基金科学与技术成就奖，1999年被国家授予"两弹一星"功勋奖章。

彭桓武曾任二机部第九研究院副院长、中国科学院理论物理所所长等职，还在全国人大、政协各高校及学术机构等身兼数职。

彭桓武43岁结婚，62岁那年妻子刘秉娴离世，后来唯一的儿子彭征宇远赴美国求学，并先于他去世。此后彭桓武独自过着简朴的生活。1996年,他拿出自己所获奖金设立了"彭桓武纪念赠款",用以奖励那些为祖国的尖端科学事业做过贡献的人。

2007年2月28日,彭桓武因病在北京逝世,享年92岁。

榜样的力量

（1915—2008）

中国科学院院士、"中国量子化学之父"唐敖庆的故事

2015年11月17日，《光明日报》以《厚德泽人　功昭校史》为题目刊载署名文章，纪念著名化学家和教育家唐敖庆先生100周年诞辰。唐敖庆生前曾任大学教授、大学校长、化学研究所所长、中国科学院院士等职，并多次获奖，国际化学界称他为"中国量子化学之父"。他是怎样取得这些辉煌成就的？请看下面的一些小故事。

继母慈爱　扎进书海

唐敖庆，1915年11月18日出生于江苏省宜兴县。父亲唐林

根在镇上经营一个小店，出售农副产品和日用品。在唐敖庆6岁时，父亲把他送到私立养初小学读书。唐敖庆上学不久，母亲因终日操劳，过早地离开了他。

母亲去世后一年，父亲再婚。继母褚氏出身书香门第，陪嫁带到唐家大量图书。褚氏非常喜欢小敖庆，对他说，这些书就是他的书，可以随便看。继母的慈爱使唐敖庆受到极大的安慰，他一头扎进书海，如获至宝般痴读起来。家里的书读完了，他就到亲友家借，书籍成为他人生中形影不离的伴侣。

初中学习期间，他就成为极具培养前途的优秀少年，深得老师的赏识。但因家境困难，无力升入高中，遂考入公费并管吃管住的无锡师范学校继续学习。

唐敖庆在无锡师范学校读书时，教化学的张汝训老师讲了不少化学家刻苦搞科学研究的故事。这些不仅使唐敖庆对化学的兴趣一点一点变得浓厚起来，而且对化学家也产生了崇敬之情。

一次，他在《大公报》上读到了大名鼎鼎的化学家、中国化学学科奠基人、教育家曾昭抡的故事。当看到曾昭抡因迷恋化学，走在路上和电线杆子又说又笑地谈论新发现，被过往行人嘲笑为精神病时，对他产生了无限的崇敬。他想象化学的奥妙肯定趣味无穷，他要以曾昭抡为榜样。当时曾昭抡在北京大学任教，唐敖庆萌生了师从曾昭抡的想法。

崇尚曾昭抡　决心学化学

在江苏省无锡师范学校毕业后,为筹集上大学的费用,唐敖庆先到宜兴县官林镇凌霞小学当教师,后进入江苏省立扬州中学大学补习班学习。

1936年唐敖庆参加大学招生考试,以优异的成绩同时被4所高校录取。因仰慕北京大学化学系曾昭抡教授,他选择到北大化学系学习。

但因家境贫困,他在学校里只能半工半读。七七事变爆发后,唐敖庆随校南迁至昆明,在西南联大化学系继续学习。

每天,他都在昏暗的油灯下挑灯夜战,久而久之,他的眼睛高度近视,眼镜片上的螺纹一圈圈地增加。每天早上起来,眼前模糊不清,要像瞎子似的摸来摸去才能摸到眼镜。上课时,即使坐在教室第一排,他也看不清黑板上的字。眼疾成为他前进途中的绊脚石。

对付这个恼人的问题,唐敖庆的对策是加强记忆力,提高上课效率。课上,他把教授讲的内容要点和烦琐的化学符号、公式全部强记在脑子里,课后立即打开记忆闸门,将其迅速记在本子上。每当遇到困难,他就用曾昭抡的故事来激励自己。就这样,他的学习成绩一直遥遥领先,大学毕业后,顺利留校任教。

在此期间,他洞察到,量子力学的诞生引导着科学家把注意力从宏观世界转向微观世界。于是他以坚实的数理功底,开始钻研量子力学,探索微观化学。

化学、物理化学、物质结构、热力学、动力学、统计力学等十几门课程,有时一周的课时达16个小时之多。2000多度的近视,迫使唐敖庆讲学时从不带任何讲义和讲稿,只是列个简单的提纲,所有讲课内容都记在大脑里,讲课深入浅出,就连非化学专业的学生都听得津津有味。

1946年,他与李政道、朱光亚等一道,以助手身份随同著名物理学家吴大猷、化学家曾昭抡和数学家华罗庚等,赴美国考察原子能科学技术,并被推荐留在美国哥伦比亚大学化学系攻读博士学位。

3年后他获得化学博士学位,哥伦比亚大学赠予他一把象征打开科学大门的金钥匙。

学成回国　艰苦创业

1950年1月,唐敖庆克服了重重困难,从美国乘船辗转回到祖国。回国前夕,他谢绝了美国导师的挽留,并诚恳地对导师说:"我的事业在自己的祖国,我的祖国就是中国,一个爱国者是不会嫌弃自己祖国贫困的。"

唐敖庆的挚友、国家最高科学技术奖获得者徐光宪院士曾说，"以他的勇气、才智和勤奋，如果停留在一个固定的领域坚持不懈地搞下去，将会取得比现在更大的成果，获得更高的荣誉。可他总是为了祖国需要放弃个人的追求"。

回国后，唐敖庆担任北京大学化学系副教授、教授。1952年院系调整，唐敖庆主动请缨，怀着赤诚的奉献精神来到长春，支援东北高等教育事业，与物理化学家蔡镏生、无机化学家关实之、有机化学家陶慰孙通力合作，与来自全国高校的7名中年教师和11名应届毕业生，开创了东北人民大学（吉林大学前身）化学系。

创系之初，化学系就设在日伪时期修建的小楼内，几间狭小的办公室，30多位员工挤在一起，没有像样的实验设备、仪器和药品。化学系的第一届学生做实验，围着一个简易实验台，加热用的是废旧墨水瓶改做的酒精灯……

唐敖庆长期致力于理论化学研究，注意把握国际学术前沿新动向、新课题，努力赶超国际先进水平。量子化学、统计力学在化学中的应用以及计算化学三个重要领域，他都做出了开创性的研究，取得了举世公认的创新性成果，先后5次荣获国家自然科学奖。

经过多年艰苦卓绝的工作，现吉林大学化学系已经跻身国内一流、国际先进的行列,并于1978年在该系物质结构研究室的基础上,创建了吉林大学理论化学研究所,唐敖庆任首任所长。该所下设的两个实验室后来均发展成为国家重点实验室,即理论化学计算国家重点实验室和超分子结构与材料国家重点实验室。现在这个研究所已正式命名为唐敖庆研究所,成为我国理论化学研究的重要中心、高层次理论化学人才的培养基地、对外开放与交流的窗口。

治校有方　桃李满园

唐敖庆严谨的治学品格,深深地启迪着科学事业上的后来者;同时,他还是一位著名的教育家和出色的教育科技组织领导者。他多年担任吉林大学校长,高瞻远瞩、治校有方,为学校的发展和建设做出了突出的贡献。后来他到北京组建国家自然科学基金委员会并出任主任,创建中国的自然科学基金制度,此时他仍然心系吉林大学,担任吉大名誉校长,其科研、教学、培养学生工作仍然放在吉大。

唐敖庆在担任校长期间,首先提出了重点高等学校"既是教育中心,又是科研中心"的办学思想,并自觉贯彻落实,使学校的各项工作都取得了飞跃性的发展,在教学质量和科研水平上,取得了若干重大进展。

1978年后,他共招收了14名博士生、26名硕士生。与此同时,他还通过指导研究生、办进修班和学术讨论班等形式,将培养青年学者的工作,从吉林大学扩大到全国。

当年他以曾昭抡为榜样,奋进成才;如今他的学生以他为榜样,努力奋进。榜样的力量真是无穷的!

唐敖庆所培养的学生之多,在教育界可谓首屈一指。在当时全国高校和研究所中,理论化学课程的教师及理论化学领域的学术带头人,几乎都是他的学生,其中中国科学院院士就有10多位,有的还担任了国家重点大学的校长。

由于唐敖庆取得的巨大成就,他被列入世界知名量子化学家的行列。1981年,他当选为国际量子分子科学研究院院士,是这个国际组织中唯一的中国人。国际化学界称他为"中国量子化学之父"。

作为学识渊博的一代宗师和资深的中国科学院院士,唐敖庆一生潜心科研、勇攀科学高峰,在化学领域取得了卓越成就,为后人树立了榜样。2008年7月15日,唐敖庆辞世,享年93岁。

小行星照射小石头

（1916—2013）

中国科学院院士、植物学家吴征镒的故事

宇宙茫茫，夜空繁星似锦，有一颗小行星在照射一块小石头。这块小石头在哪儿呢？哦，在中国科学院昆明植物研究所的球场旁边，其实这是一块挺大的大石头。小行星为什么要照射植物研究所的这块石头呢？原来，是石头上刻着"原本山川，极命草木"八个大字。这颗小行星是2011年12月10日国际小行星中心发布77508号公报永久命名的"吴征镒星"，编号为175718号。石头上的那八个大字由吴征镒亲手所题，也是他终生为之奋斗的写照。

吴征镒是什么人？他是被称为中国植物"活词典"的大植物学家、中国科学院院士。这个公报，表达了人们对卓越科学

家的敬重与热爱。

自幼爱花草　动手又动脑

　　吴征镒，江苏扬州人，1916年6月13日生在一个书香仕宦之家。祖父吴筠孙是清朝光绪年间的恩科传胪，父亲吴启贤曾任北洋政府农商部主事和江苏省议员。小征镒自幼就从"看图识字"的方字块上认识一些花草树木，父亲的书房中有部《植物名实图考》，书内的图画深深地吸引了小征镒，还跑到后花园里跟眼前的花草一一对照。小征镒8岁进学塾，念"四书五经"，读《唐诗三百首》和《古文观止》等，这为他的人生打下了坚实的基础。

　　吴征镒13岁考入江都县中，15岁考入江苏省立扬州中学。在扬州中学时，吴征镒进一步阅读了从父亲书房中看到的清代吴其濬的《植物名实图考》和日本牧野富太郎的《日本植物图鉴》。在老师的启发下，他学会了采集、制作植物标本和解剖花果的技术。上高中时又得到老师的鼓励，在班上举行标本展览，展出自采、自制标本百余份。

　　17岁时，弱冠之年的吴征镒考入清华大学理学院生物系。步入清华大学，受的是"通才教育"，从师朱自清、陈桢等教授，转入专修植物学后，又得李继侗、吴韫珍二师指导，基础和学业大有所进。

抗日战争伊始，吴征镒即跟随步行团南迁来到昆明，在西南联大开始了抗战求学的蹉跎岁月。沿长江西上华中，经湘、黔、滇一路所见植物的感受，吴征镒心中萌发要弄清楚植物时空发展和中国植物区系演变规律的梦想，并立下终生志向：立足云南，放眼中国和世界植物的宏图大愿。但时局不稳、战乱不息、事变突起、学业艰难，他靠五哥吴征铠半薪资助和清寒奖学金才得以完成大学学业。

在李继侗老师的带领下，吴征镒赴滇西瑞丽考察，首次目睹热带、亚热带植物及群落的丰富多彩，写下《瑞丽地区植被的初步研究（附植物采集名录）》，这是他的第一篇论文。1940年，他三年助教期满，遂报考北京大学研究生，师从张景钺从事杜鹃花属维管束结构研究，当时属于形态学研究的前沿课题。

日寇不断轰炸下的昆明，在恩师吴韫珍病逝后，他毅然承担其植物分类学的教学任务，并着手整理吴韫珍老师遗存标本室拍摄的模式标本照片，并补充文献、记录小环境和地理考察记载，意在汇编《中国植物名汇》。此事持续十载，记制卡片3万余张。借此，吴征镒熟记名称、采集家、生境及其在群落中的位置等，达到了如指掌的境地。此后，这批卡片成为编纂《中国高等植物图鉴》和《中国植物志》的重要参考。此间，吴征镒受中国医药研究所委托，整理明代兰茂所著《滇南本草》，自写、自画、自印《滇南本草图谱》第一集，且成为中国植物考据学的滥觞之作。

1949年，北平和平解放，吴征镒参加了北平市军管会工作，任高教处副处长，负责接受大专院校及科研单位。

中华人民共和国成立之初，百废待举，建院工作繁忙。在调查1949年之前各研究所情况的基础上，整顿、合并、新建一批生物学的研究所，如昆虫研究所、动物研究所、植物研究所、海洋生物研究所、水生生物研究所、上海植物生理研究所、南京植物研究所以及北京植物园、南京植物园选址等，同时为中科院的建院奠定了基础。

结缘大自然　献身植物学

20世纪50年代初期，国家急需橡胶。吴征镒组织并参加了全国各大区资源综合考察，特别对华南、海南、云南橡胶宜林地进行考察和科学区划，足迹遍及粤、桂、黔、滇地区。有时他们在某一地区一蹲就是几个月，以期对中国植物区系、大农业、生态环境保护和合理利用资源等问题认识上有提升、思路上有新径，并总结推广橡胶树正确的栽培方法。后来，该技术获得"橡胶在北纬18°—24°大面积种植技术"国家发明集体一等奖。

1958年,吴征镒年逾不惑,亟思寻一安身立命之地,欲盼有所建树,遂毅然呈报中科院领导请调云南昆明,得到院领导首肯,举家迁往昆明,出任昆明植物研究所所长。这是吴征镒一生中的最大转折点。到了云南,吴征镒潜心研究,以了其植物学夙愿。

吴征镒开始在云南进行大量科考。一次野外考察,他跌了一跤,便坐在地上开始观察植物,竟然看到一株"锡杖蓝",这可是该物种在中国分布的新纪录。

1964年,在北京召开的亚洲科学讨论会上,吴征镒宣读了论文《中国植物区系的热带亲缘》。这是有关植物区系地理及起源的新创见解,标志着中国植物地理学全面、系统工作的开始。他通过对中国种子植物的研究,揭示了中国植物的分布规律及其在世界植物区系中的地位和作用。

"文革"初期,吴征镒受到冲击,被迫去田间劳动。但他坚信科学是有用的,知识不能丢。白天,他锄地时记下看到的各种植物,晚上回到小屋后就悄悄地写出来并归类,就这样完成了9万字的《昆明黑龙潭地区田间杂草名录》。

从1959年起,吴征镒便参与《中国植物志》的编纂。改革开放迎来了科学的春天,吴征镒也迎来了科学创新的佳期,1987年起又担任了该书主编。为了编书,他踏遍祖国的大江南北，爬屋脊、进草原……此时他已患眼疾，但为了编书，每年还要写一二百万字。该书的编纂历时45年，基本摸清了中国植物的家底。吴征镒接任《中国植物志》主编，承前启后，虽好事多磨，幸得国家连续支持，2004年，随着总论卷问世，这套80卷26册共计5000多万字的巨著终于大功告成。《中国植物志》记载了中国3万多种植物的科学名称、形态特征、生态环境、地界分布、经济用途和物候期等，是世界各国已出版的植物志中种类数量最多的一部。吴征镒则是三代植物学家编研全程的见证者。

几十年来，吴征镒还与多方面合作，致力于如何利用和保护中国植物资源。1999年，他向时任总理的朱镕基提出"十分有必要尽快建设云南野生生物种质资源库"的建议，得到总理的重视和支持。

在改革开放新时期，尽管各种事务缠身，但是对来之不易的宝贵年华，他决心抓紧科研，希望在与之有不解之缘的植物学领域有所作为。

在1993年世界植物园协会座谈会上，吴征镒提出"人类生态、植物资源和近代农业"问题，他强调：人在利用自然生态系统中所采取的各种措施的双刃性问题，即人既可以成为最高级的生产者，也可以成为最大的破坏者。因此他提出人类利用植物资源的历史发展过程问题，以及近代农业不但要有微观上利用和改造植物遗传特性的一面，还要有在热带至温带以多层多种经营为核心的生态农业工程。因为人愈多，地愈少，必然对山林和湿地自然生态系统继续破坏，甚至掠夺。从这一当代迫切任务，引发了吴征镒于1999年提出建立"野生生物种质资源库"的设想和建议。而从1958年就建议成立自然保护区，到野生生物种质资源库的实施，是解决"人类生态、植物资源和近代农业"问题的必要措施。

他先后获国家级一、二等奖7项，国际科学奖多项。2008年，92岁的科学家吴征镒与另一位科学家闵恩泽一起，获得了2007年度国家最高科学技术奖。

几十年来，吴征镒还为国家培养了众多优秀的助手和研究生。吴征镒认为，这些成果要让后人在具体实践和认识中来评议，才可以进行否定或充分肯定。

星光永闪烁　照亮前行路

　　吴征镒信奉的人生格言是：博学之，审问之，慎思之，明辨之，笃行之。他认为做科学研究必须经历三个境界：一是立志立题，确立科研思路；二是殚精竭虑，百折不挠；三是上下求索，终有所得。

　　吴征镒正是在个人的志趣和应用相结合中，走着自己的人生道路。他一生热爱党，热爱祖国，热爱科学事业。他扎根边疆，淡泊名利，治学严谨，学识渊博，为我国植物科学事业鞠躬尽瘁。

　　2013年6月20日，吴征镒逝世。他的离开，使我国科学界失去一位大师，植物学界失去一位巨匠。我们应化悲痛为力量，以吴征镒为榜样，继续完成其未竟的科学事业。

　　"吴征镒星"会永远闪烁，照亮石头上的名言，照亮后人前行的路！

古丝绸之路上的"医学大树"

（1919—2014）

中国工程院院士、医学家葛宝丰的故事

2014年7月10日，被国际友人誉为"中国古丝绸之路上的'医学大树'"倒下了。他就是中国骨科医学奠基人之一、西北地区骨科专业的开拓者、中国工程院院士、全国全军著名骨科专家葛宝丰医生。这棵"医学大树"有着怎样的童年，又有着怎样的非凡经历与贡献呢？

家乡闹瘟疫　立志去学医

1919年12月26日，虽然已是深冬，可是河北省乐亭县葛庄村中央那条小河因为天气较暖，仍有涓涓细流渗出冰面，漫着白气，衬着河边的杨柳，一路飘摇……这时，一个农民家庭出生了一个男婴，他就是葛宝丰。

葛宝丰的父母虽然务农，但是小宝丰7岁就被送进学塾读书，这得感恩葛庄村的民风。村里早在清末民初，就有私塾、女塾数处，村学堂一所，全村适龄儿童几乎都能入学就读。这种民风始于本村清朝翰林葛毓芝。葛毓芝辞官不做，从事教育事业，晚年回归故里，在自家办学馆，亲自授课，广收学子。全县学子慕名来求学，后成为国家有用之才。葛翰林一生为葛庄村营造了浓厚的尊师重教的文风学脉。

葛宝丰小学毕业后考入昌黎县汇文中学。他学习刻苦，成绩优秀。少年时的葛宝丰，经历了旧中国遭列强凌辱、民不聊生的悲惨生活。

就在他读中学时期，家乡爆发了瘟疫。一场突如其来的霍乱袭击了他的家乡，使只有90多户人家的小村庄，接连死亡104人，他的母亲、二嫂就死于这场瘟疫。后为偿还药债，父兄卖去仅有的薄田数亩，以耕种租田度日。

忍着巨大悲痛，葛宝丰立志学医，希冀他人之母和全国贫穷人有病都能得到治疗。1936年，17岁的葛宝丰于昌黎汇文中学毕业后，以优异的成绩和特考奖学金考入燕京大学医预系，踏上了"医学报国"的道路。离开家乡的那一刻，他向着母亲安息的方向默默许愿：要一辈子做一个救死扶伤的好医生。在校期间，他的经济来源主要靠"工读"和奖学金。

艰苦求学　　学成报国

一年后七七事变爆发，在国破江河碎、父老遭蹂躏的悲惨日子里，葛宝丰与同学数人逃难，流亡昆明。逃亡中，他以全国统考第一名入国立中正医学院，继续学医。

适逢我国医学教育家王子玕偕师生数百人，由赣迁此。师生们依山傍水，建茅屋于白龙潭畔，一时名师俱至，众生咸集，并与上海医学院联合办学。抗日国军节节败退，昆明告急，学校经滇、黔、闽、赣数度搬迁，每至一地，即利用庙宇祠堂，开始授课，学业未受到严重的影响。

抗日战争胜利，学校迁返南昌，幸遇恩师、加拿大籍骨科著名专家E.J.萨飞。萨飞的精湛医术和博爱胸怀给葛宝丰留下了深刻印象。1947年萨飞回国，葛宝丰被分配到国民政府兰州中央医院，担任大外科主治医生。1949年8月兰州解放，葛宝丰通过救治解放军伤病员，目睹了人民军队秋毫无犯的严明纪律，从内心深处萌生了对人民军队的崇敬与向往之情。最终，他参军入伍，成为人民军队的一员，完成了一生中的重大抉择。

扎根大西北　献身大西北

苍茫的大西北，沟壑纵横，戈壁相连，历史上是积贫积弱、缺医少药的一片困土。葛宝丰受老一辈军队医护人员爱国为民、救死扶伤的精神感染，暗暗下定决心：一定把学到的知识用在最需要的地方，为西北人民献出全部的光和热。

20世纪70年代，理论功底扎实、业务技术娴熟的葛宝丰，已成为军内外骨科医学界的一颗闪耀新星。解放军总医院多次想调他去北京工作，都被他婉言谢绝，他说："我的根在大西北，这里的人们更需要我。"

改革开放后，葛宝丰留学海外的儿子葛竞成为美国知名显微外科专家，老伴刘恭芳的大多数亲人也在美国定居。他们先后48次来信，恳请葛宝丰夫妇去美国安度晚年，却每次都被夫妇俩婉言谢绝。

1999年，葛宝丰当选为中国工程院院士后，他的家乡河北以及南方沿海发达地区的多个省市都给出极为优厚的条件，邀他前往定居，开辟新的天地，他都回信婉拒，并赋诗明志："我年逾八十，蹒跚意呆痴，吐丝丝绸路，直到丝尽时。"家乡河北省乐亭县人民被葛宝丰扎根西北的精神所感动，专门将县城一条街道命名为"宝丰街"。

面对改善工作生活环境的机会，葛宝丰一次次选择了放弃，但面对祖国和人民的召唤，他却一次没有失约：抗美援朝，他主动请缨；服务藏区，他身先士卒；抗震救灾，他临危赴难，用赤胆忠心践行着从医之初许下的誓言。

2010年4月，青海玉树发生特大地震，38岁的藏族同胞斯塔全身16处骨折，生命垂危，被紧急空运至兰州军区兰州总医院抢救。因腰伤正住院治疗的葛宝丰得知这一情况，不顾人们的劝阻，执意来到重症监护室。在仔细检查了患者病情后，他立即和16名专家一起会诊，周密制定方案，经过8个多小时抢救，斯塔的生命体征终于恢复。医院院长尹强担心葛老身体吃不消，几次劝他休息，可葛宝丰却说："我是慢性病，不要紧，患者病情重，需要多操心。"直到患者脱离危险，他才离开病房。这时，他的腰疼得几乎直不起来了。

20多天后，斯塔得知自己的救命恩人是91岁高龄的葛宝丰院士，这位坚强的康巴汉子禁不住热泪盈眶。

"医学大树"硕果累累

中华人民共和国成立初期，面对西方对我国的技术封锁，葛宝丰立下誓言："国外有的骨科技术，中国人也一定要有；国外没有的，我们也要敢于攀登。"

葛宝丰在国内较早开始显微外科断肢再植术的学习研究，经过反复研究实验，研制出V型钉和梅花髓管内针，突破了断肢再植的技术瓶颈。1965年，由他指导的全军第一例、继陈中伟之后全国第二例临床断臂再植手术获得成功；20世纪80年代末，他指导学生接活冷缺血54小时断掌和59小时断指，打破36小时的国际纪录，成为中华人民共和国成立40多年来最重要的60项医学成果之一；1997年，他成功完成亚洲骨科领域第一例十指断指再植手术。

临床粉碎性骨折碎片难以复位和保持固定，是一项困扰世界的百年难题。葛宝丰经过不知多少个日日夜夜，进行不眠不休的反复研究，终于发明了内固定半环式梯形加压钢板，大大提高了粉碎性骨折的治愈率，1998年该成果获国家发明三等奖。他所采用的自发生机制、骨牵引、内外固定的方法治疗四肢、脊柱和骨盆骨折病人，有效地促进了骨愈合、修复骨缺损，形成了骨外科学一套独具特色的技术体系。

葛宝丰视提高部队战斗力为己任，把部队官兵的需要作为研究的重要方向。2007年，他不顾年事已高，专题分析驻海拔500米、1500米和3000米部队官兵的骨密度值和骨代谢指标，跟踪研究紧急进驻高原部队官兵体内骨吸收指标的变化情况，首次发现了高原环境对官兵骨代谢和骨骼健康的影响及规律，完成了全军重大科研课题"西北高寒高原地区军民骨质疏松症的研究"，获军队科技进步二等奖。

甘肃甘南藏区大骨节病发病率较高，葛宝丰带领医疗队深入海拔3000多米的藏区进行发病机理调查研究，经过2年的病理学调研，总结出发病成因和流行趋势，为有效防治该病提供了第一手资料。目前，甘南大骨节病发病率不到1%。

1987年，国际骨科会议在兰州总医院召开，10余位世界著名医学大师与会，高度评价葛宝丰的研究成果，美国著名脊椎外科专家雷朴称赞他是"古丝绸之路上的'医学大树'"。

"悬壶济世秉丹心，妙手仁术暖杏林。"这是对葛宝丰医生从医60多年的真实写照。与穿上白大褂的第一天一样，年国九旬的葛宝丰依旧风雨无阻坚持上班；每天用放大镜至少看两小时中外医学杂志，掌握世界医学科研动态；每周用两个半天坐诊，接诊来自全国各地的患者……

作为中国骨科医学奠基人之一、西北地区骨科专业的开拓者，葛宝丰一生救治病人17万余人次，自主创新57项重大医学成果，培养军地骨科专家600多人，年近百岁仍奋斗不息，被群众亲切地誉为"百年良医"。

从认方字块开始

（1922—）

中国科学院院士、物理学家杨振宁的故事

每个人都有自己的童年和少年，而童年和少年时期的生活会永远留在一个人的记忆里。有时，童年或少年时的一些境遇，会影响一个人的一生。

中国科学院院士、诺贝尔物理学奖获得者杨振宁教授的童年和少年时代，就是在颠沛流离中度过的。他在颠沛流离中求学，在颠沛流离中向知识的沃土扎根。这也为他后来的成功打下了坚实的基础。

学习认字　增强记忆

　　杨振宁，1922年9月22日出生在安徽省合肥市一个典型的中国知识分子家庭。他的父亲杨武之当时是怀宁（现名安庆）一所中学的数学教师，他名字中的"宁"字，就是从怀宁来的。小振宁刚刚10个月的时候，他的父亲便考取了公费留学，远涉重洋到美国芝加哥大学攻读博士学位。整整6年，他一直没有见到过自己的父亲，甚至不认识父亲。

　　在那兵荒马乱的年月，各路军阀不时地打到合肥来。他不得不跟着母亲和家里的大人们，东奔西跑地到处逃难。虽然环境动荡不安，可是贤淑的母亲却一刻也没有放松对孩子的教育。杨振宁从4岁开始，便跟着母亲从"方字块"开始学习认字。他在小小的年纪就显示出惊人的记忆力，只用了1年多的时间，就认识了3000多字。

　　在大家庭中，杨振宁有许多堂兄弟姐妹。他5岁那一年，家里请了一位老先生教孩子们读书。杨振宁念的第一本书名叫《龙文鞭影》，更使人想象不到的是，他虽然年纪很小，却很快就能把这本文字晦涩难懂的古书背诵得滚瓜烂熟了。

　　6年过去了，父亲在美国芝加哥大学获得数学博士学位后回国。怯生生的小振宁摇晃着头，一本正经地把《龙文鞭影》一字不差地全背出来给父亲听。父亲问他书里讲的是什么意思，小振宁低下了头。他撅着小嘴，摆弄着衣角，一双明亮的大眼睛里充满了求助的目光，望着母亲。父亲见这情景，不禁笑了，从衣兜里掏出一支钢笔，送给了儿子。这支钢笔也许是奖励吧，对陌生的父亲，杨振宁顿时感到不再畏惧了。他高兴地把钢笔接过来，好奇地看了又看。在这以前，他还从来没有见过钢笔呢。

父亲先受聘于厦门大学数学系。母亲带着全家从合肥老家出发，风尘仆仆地赶往厦门与父亲团聚。他们一路上水路兼程，途经上海，小振宁站在这座东方大都市的大马路上，第一次见到穿梭奔驰的汽车，他惊愕的程度绝对不逊于《子夜》里那位从乡下初到大上海的吴老太爷！而后，他在下榻处又第一次看到了手指一按便会涌出哗哗流水的抽水马桶。这个富于想象力的孩子，第一次朦胧地感受到了现代科学技术的伟大力量。

父亲任教的厦门大学，是一个给杨振宁留下深刻印象的地方。他们家住的那座小楼就坐落在大海边上。在那段美妙的岁月里，他看到了蓝天、大海无穷无尽的变化，看到了宇宙无边无际的奥妙。这片广阔无垠的天地，在杨振宁的心田种下了对大自然、对祖国山河大地深深的情感，以及对探索自然奥秘的无穷兴趣。

后来，父亲受聘于清华大学，一家人又去了北京，住在清华园里，一住就是8年。而这8年，恰恰是一个人人生中最重要的童真岁月。

父亲用教书的收入维持着多子女家庭的生活，母亲勤俭持家。杨振宁是个很懂事的孩子，在家里他虽是大哥哥，却也穿着钉了后掌的鞋和补过的衣服。杨振宁上了清华大学自办的志成小学，下了课他就领着弟弟妹妹跟同学们在清华园里嬉戏、玩耍。他们几乎爬遍了校园里的树木，观察过园子里的每一棵草，他们思索着自然界的奥秘和神奇，过着无忧无虑的生活。

少年立志　颠簸求学

念完了小学，杨振宁进了北京绒线胡同的崇德中学。崇德中学是一所教学质量很高，尤其重视英语课的学校。在这里他结识了许多几乎交往了终生的好朋友，其中邓稼先和他最要好。邓稼先的父亲也是清华大学的教授，他们又都是安徽人，因此就感觉更加亲切。

有一次他在父亲的书橱里发现了一本科学通俗读物《自然哲学的数学原理》，顿时爱不释手，读了又读。这本书是根据牛顿的同名鸿篇巨制，用通俗的语言改写的。书中说牛顿用力学的观点分析了日月星辰的运动，勾画出了一幅完整的、以物体运动学规律为基础的图景。杨振宁迷上了这本书。

书中说，科学家哈雷就是根据这本书提供的原理推算出了一颗彗星的轨道，并预言哪一年会再度出现，果真在那年，彗星再度出现了。从一个苹果落地、月亮围绕地球转，到行星围绕太阳转，不都是由于引力拉动吗！一个普通的苹果，却帮助牛顿解决了一个科学上的大难题，科学家的头脑太不可思议了！他暗下决心，将来也要当科学家。从此，他专心致志地学习，成为各科特别是数理化的优秀生。

然而，快乐而充满幻想的童年很快就被惊扰和打破了。北京附近的卢沟桥上响起了隆隆的炮声，北京、天津危在旦夕。学校办不下去了，杨振宁全家随着学校离开了北京。他们先回到了合肥老家，杨振宁马上进入安徽省立第六中学，入学时父亲叮嘱了一句：不要忘记自己的志向。杨振宁默默地点点头。可是，日本侵略者日日逼近，战火迅速蔓延到长江以南。父亲决定去大后方的云南昆明西南联合大学出任数学教授。

杨振宁虽在战乱中跟着大人们辗转，却依然抓紧一切时间用功读书。到了昆明，他很快进了昆华中学。当时像他一样颠沛流离的中学生非常多，因此国民政府教育部便公布了一项决定：允许中学生以同等学力的资格报考大学。由此，杨振宁读完了高中二年级，就以优异成绩考入了西南联合大学。他开始报的是化学系，开学后决定改学物理。联大毕业后，他又攻读了硕士学位,后在联大附中教了一年数学,于1945年去美国芝加哥大学留学并获得博士学位,从此开始了科学研究工作。

1955年,杨振宁任普林斯顿大学教授。1956年,他与李政道一起,推翻"宇称守恒定律",1957年与李政道共获诺贝尔物理学奖,还曾任美国纽约州立大学教授。至此,杨振宁实现了他少年时期的志向——成为著名的科学家。

生于海滨　献身海洋生物科学
（1922—2012）

中国科学院院士、海洋生物学家刘瑞玉的故事

当我们在餐桌上吃着海虾、海蟹等美味海鲜时，可曾知晓有一位被称为"方便面院士"的科学家，把毕生精力献给了海洋生物学特别是甲壳类生物的研究上，为我国海洋经济的发展做出了杰出贡献。他就是中国科学院院士、海洋生物学家刘瑞玉。

出生海滨　热爱大海

刘瑞玉，1922年11月4日出生于渤海之滨的河北省乐亭县一个民族资本家家庭。父亲刘冠英是乐亭长春益发合公司总经

理，1949年后任天津新光针织厂经理。母亲料理家务，常教子"一粥一饭，当思来之不易。半丝半缕，恒念物力维艰"，故小瑞玉自幼知道节俭。童年的小瑞玉，少不了跟随大人和小伙伴们到海边去"捡海"，退潮后的海滩上真能收获不小呢。啊，大海真是太美了！

民国时期，新学堂已经盛行。传统的富裕家庭，大多很重视孩童的教育。1936年，刘瑞玉毕业于乐亭县第一小学，后进入保定育德中学读初中。育德中学是当年同盟会会员联合创办的一所中学，学校非常重视爱国、爱科学的教育，培养出许多优秀人才。刘瑞玉在这样一所名校的环境熏陶下成长，打下了做人做事的坚实基础。他门门功课学得都很扎实，同时受到科学救国、实业救国等思想的影响。

1938年，刘瑞玉进入北平河北省立高级中学学习，1941年高中毕业后考入北平辅仁大学生物系获理学士学位。1945年毕业后，经人介绍，刘瑞玉到北京大学医学院药学系任助教。

1946年，他进入当时北方最高的科研机构——国立北平研究院动物研究所工作，师从著名甲壳动物学家沈嘉瑞，任助理员，从事甲壳动物分类学和生活史研究。

投身海洋生物科学

中华人民共和国成立后，为了发展海洋生物科学，中国科学院于1950年建立青岛海洋生物研究室，该室当时隶属于水生生物研究所。刘瑞玉跟随有关领导及同事，携带图书仪器迁至青岛，成为海洋生物研究室的主要成员。

刘瑞玉在该研究室继续甲壳动物分类和资源调查研究，先后任助理员、助理研究员，1956年晋升为副研究员。1957年，青岛海洋生物研究室扩大为中国科学院海洋生物研究所。我国第一艘综合海洋考察船"金星"号开始在该所服役，展开了北黄海和渤海综合海洋调查研究，刘瑞玉担当尚处于空白的中国海洋底栖生物生态学研究。1959年，中科院批准该所为多学科的综合性海洋研究所，刘瑞玉被任命为该研究所的副学术秘书，后被任命为无脊椎动物研究室副主任、主任等职。

1978年，海洋研究所的科研工作开始走上改革开放的光明大道。国家很重视海洋科学的发展，为海洋研究所建造了一艘新型多学科综合考察船，并开始对海洋科学先进的国家进行访问与学术交流。刘瑞玉参加了以曾呈奎为团长的中科院海洋考察船访日和访美代表团，看到了我国与先进国家的差距，之后以更大的热情投入我国海洋科学的建设与发展事业中。1984年之后，刘瑞玉先后被任命为海洋研究所所长兼学术委员会副主任、学术委员会主任等，其间为研究所的改革发展倾注了全部精力，在底栖生物生态学和甲壳动物分类与生物学领域取得了全面发展。

刘瑞玉先后主持并积极参与了"全国海洋综合调查""中越北部湾海洋综合调查""全国海岸带和滩涂资源综合调查""中苏海洋生物考察""中韩黄海海洋学联合研究"以及"中德海南岛海洋生物联合调查"等多项国内及国际合作项目，为积极推动我国海洋生物科学以及与俄罗斯、越南、韩国及德国开展国际海洋科学合作研究做出了杰出贡献。

精心研究　著书立说

刘瑞玉先后发表了大量甲壳动物分类学和生物学论著，内容广泛。甲壳动物是海洋动物中物种多样性最高的类群之一，但中华人民共和国成立前，我国对甲壳动物的研究主要限于有经济价值的十足目虾蟹类和少数寄生种类，其余的大多数类群都不为人所知。他出版了首部专著《中国北部经济虾类》，该书至今仍然是国内被广泛引用的重要参考文献。

刘瑞玉在中国近海实施的多项海洋学综合调查以及海岸带调查中获得了多种多样的甲壳动物标本。截至2007年，刘瑞玉与学生一起对甲壳动物亚门的6类甲壳动物共命名了394个新种，建立了4个新属……刘瑞玉与合作者在上述多部动物志卷册中，全面阐述了6类主要甲壳动物的区系组成和分布特点，详尽的生物地理分析为它们的动物区划提供了可靠的依据。

"有所发现，有所创造"，这不仅体现在刘瑞玉的甲壳动物分类学研究中，而且还体现在他的甲壳动物生物学研究中。刘瑞玉认为，黄海现在所处的地域在晚更新世冰期海面降低时曾经是陆地（海平面比现在低130米），黄海是在最后一个冰期以后随着水温和海平面上升而形成的，现在动物区系形成相对较晚，因此冷水地方特有种在黄海的许多生物类群尚未发现或发现很少。黄海和东海大部曾经分布有许多冷水种，有些种的分布区南限由于水温升高而向北退缩。这说明，黄海冷水动物区系由于全球变暖、水温增高而处于衰退之中。

刘瑞玉首次发现，冷水底栖生物群落以北太平洋冷水种浅水萨氏真蛇尾、紫蛇尾、加州扁鸟蛤、蜈蚣欧非虫和日本褐虾等为优势种，由于夏季黄海冷水团的存在，上述优势种栖息于黄海深水区，种群获得大量发展。黄海冷水底栖生物群落，完全不同于以隶属于印度—西太平洋动物区系的暖水种为优势的中国东海与南海底栖生物群落。

刘瑞玉于1980—1987年参与了国家专项项目"全国海岸带和滩涂资源综合调查"，对海岸带海洋学进行专项研究，以推动和加强海岸带资源的合理开发与利用。在该调查报告中，他对海岸带环境与资源的特点做了科学分析，他所提出的关于全面合理开发利用与保护海岸带生物资源的建议被领导部门采纳为"建设海上山东，大力发展海洋生物增养殖"的主体部分，促进了经济社会特别是海洋农牧化的快速发展。该项目研究成果获得了国家科学技术进步奖一等奖、山东省科学技术进步特等奖和一等奖双奖。

由于他对山东省及青岛市海洋科学的发展做出了杰出贡献，2010年获青岛市科学技术最高奖。在个人成就之外，刘瑞玉还为中科院海洋所培养了一批从事海洋动植物主要类群的分类学、生物地理学、底栖生物生态学、污损生物生态学及海洋生物资源增殖学等多学科研究团队，为我国海洋生物科学的深入发展奠定了坚实基础。

"方便面院士"的足迹

刘瑞玉先后担任中国海洋学会、中国甲壳动物学会、国际甲壳动物学会等许多学术团体的领导职务，还曾任多家海洋学刊物的主编等。他把所有精力用在了科学研究上，几乎没有节假日，中午常吃泡面，一年到头地吃。所里有食堂，他却嫌浪费时间，不愿意去。特别是老伴走了后，他把更多的时间用在办公室里，白天、晚上……方便面成了他标志性的主餐。荣誉纷至沓来，也没有让他产生丝毫改变。近90岁高龄的刘瑞玉，依然坚持一个人出差，穿梭于各个国家、城市之间，参与各种学术研讨和交流。能当天往返的他都尽量当天往返，身边的工作人员都知道他这些习惯。

因此，刘瑞玉也得了"方便面院士"的绰号。除此之外，他还有"村长""活化石"等绰号，也表达了同事和学生们对他的尊敬之情。

2004年起，刘瑞玉联合全国40多位专家编著《中国海洋生物名录》，并于2008年出版。该名录提供了可靠的中国海洋物种最新的"户口簿"，因此很多人把刘瑞玉称为"为海洋生物上户口的人"。2011年，他主持了该名录的修订工作，是年89岁。

2012年6月的一天，在取得家人的积极支持后，刘瑞玉把100万元积蓄捐出，由中国科学院研究生院设立"刘瑞玉海洋科学奖励基金"，以奖励成绩突出的海洋生物学专业研究生。作为我国海洋底栖生物生态学的奠基人，作为甲壳动物学的开拓者，他把毕生献给了海洋科学事业。

2012年7月16日，在黄海之畔的青岛，90岁的刘瑞玉老人，安详地走了。在中国的海滨沙滩上，留下了他一串串深深的脚印。让我们沿着刘瑞玉的足迹，继续前行……

最初看星星　最后"变星星"
（1923—）
中国科学院院士、天文学家王绶琯的故事

　　在北京密云水库旁的一片平坦土地上，均匀地摆着28面形似电扇的仪器，这就是北京天文台装设的"射电干涉仪"。它白天跟着太阳转，晚上跟着星星转，日夜不停地接收着遥远星空发来的无线电波。射电天文学是以无线电接收技术为观测手段，通过观测天体的无线电波来研究天文现象的一门学科。这套设备的"总管家"，就是中国科学院院士、中国现代天体物理学的奠基者之一王绶琯。王绶琯有着怎样出人意料的选择和感人的故事呢？

不负慈母心　孝子刻苦学

1923年1月15日，王绶琯出生于福建省福州市一个官宦之家，3岁时父亲病逝，作为独生子由母亲一手带大。母亲出身于中医世家，通过自学成为医生，免费为许多人看病。这影响了王绶琯的一生。从小母亲就教这唯一的儿子认字、数数、背诵古诗、读幼儿读物……母亲唯一的希望，就是儿子好好念书。

小绶琯没有辜负母亲的期望，一直刻苦学习，成绩很好。他非常喜欢自然科学知识的读物，尤其那些有关天文的小书。他觉得天文有一个特点，就是它讲的东西，你抬头就可以看到，不像物理化学什么的，非要到实验室里去做实验不可。天文学的知识，平时容易一点一点地去体会，去琢磨。每到晴天的夜晚，他就仰望星空，观看星星。为什么星星会眨眼睛？为什么星星有大有小，有明有暗？真是有趣，摘一颗玩玩该多好哇！也正因为如此，他后来就慢慢开始地有点喜爱、追求天文学了。

1936年，正在读初中二年级的王绶琯，通过在海军服役的叔叔建议，考取了福建马尾海军学校。家人希望他能成为造船工程师，挣到一份不错的薪水。当时他才13岁，开始学习航海专业，后来眼睛近视了，改学造船专业。

一提起"马尾"这个词，大家都会想到中国近代史，想到鸦片战争。在19世纪后期，洋务派代表左宗棠受林则徐的影响，秉承"师夷长技以制夷"理念，倡议创办了马尾海军学校，当时叫作船政学堂，实际就是教造船。

王绶琯1943年毕业于重庆马尾海军学校造船科。茫茫宇宙，广阔无垠。正是这无边无际的大自然，造就了永远探索的生灵人类。抗日战争期间，中国老一辈天文学家们克服重重困难，出版了一份普及天文学知识的刊物《宇宙》。这本杂志成为王绶琯课余时间的重要读物，受益多多。也正是《宇宙》激发了王绶琯探索宇宙奥秘的兴趣，成为他自学天文学的启蒙教材。

留学英国　学成改行

1945年，王绶琯赴英国留学，在英国皇家格林尼治海军学院造船班深造（学校不授学位）。海军学院的近邻就是世界著名的格林尼治天文台。因为他喜欢天文，因此经常到格林尼治天文台去参观、游览、学习，且每次参观学习都做笔记，发现问题就查找资料，有新见解、新想法也记录下来。去得多了，自然就认识了一些天文学朋友，王绶琯有空就去找一些朋友聊聊天并请教一些关于天文学的问题。这使他受益匪浅。

伦敦的天气太差了,有"雾伦敦"之称。望远镜放在那里,往上看什么都看不到。其实对天文的兴趣,王绶琯还在国内时就有了,但是没有什么好条件。在重庆的时候所读过的《宇宙》杂志,有一些文章印象很深,其实那时对天文就有了浓厚的兴趣。王绶琯后来回忆说。

王绶琯在英国皇家海军学院的学习深造长达5年,完成了《一艘航空母舰的设计》毕业论文,以优异的成绩毕业。本应回国从事前景稳定的造船业,而此时的王绶琯却做出一个出人意料的抉择,改行到伦敦大学天文台从事天文学的学习和研究。他相信"兴趣就是动力",由于对天文学异常感兴趣的驱使,他舍弃了比较稳定、又有前景、实学多年的造船专业。

王绶琯之所以会做出这样的选择,也不单单是兴趣,其实他早就有准备。他把在海军学院留学时到格林尼治天文台参观学习的笔记和有关对天体物理学的新见解的一些论文,寄给了当时伦敦大学天文台台长格雷戈里先生。

格雷戈里从事的是经典天文学研究,但他却鼓励年轻人投身于当时的新兴学科——天体物理学的研究,并对年轻人的培养倾注了极大的热情和关爱。王绶琯被他看中了。

这位老台长非常开明,包括他选择人才的方式。虽然王绶琯没有专门学过天文学,但是从那些笔记、论文中,他感觉这位年轻人有一定的天文学基础。因为自然科学各学科的基础是相通的，他看出王绶琯具有献身精神，所以决定让王绶琯到伦敦大学天文台来当他的助手，从事天体物理的学习研究。1950年，改攻天文学的王绶琯进入伦敦大学的天文台，被聘为伦敦大学天文台助理天文学家进行研究工作，从此走上了天文学的道路。

王绶琯在伦敦大学天文台时，那里的同事、专家、教授都给予他热诚积极的帮助，使他的学识快速成长。在研究方面，老台长尽量让每个人自己选择课题，由教授给予具体指导，这样可以充分开发每个人的潜能，且易出成果。老台长在天文界的朋友很多，不同的研究课题，就介绍王绶琯到不同的教授那里去研讨。就这样，王绶琯在这里学习、工作了整整3年。

海外归来　献身天文

1953年，王绶琯回国，先后就职于中国科学院紫金山天文台、上海徐家汇观象台、北京天文台……协助张钰哲等老一辈天文学家开展天文学研究。中华人民共和国成立初期，百废待兴。天文学基本上也是从零开始，光学天文学虽然是很古老的，但是现代化的仪器在战争的时候都被破坏了，所以都需要重修、重建。因此，射电天文学研究很快就进入日程。

王绶琯历任中国科学院北京天文台研究员、台长、名誉台长，并曾任中国天文学会理事长、名誉理事长，中国科学院数学物理学部副主任、主任（院士），国家科委天文学科组副组长等职，曾获国家科学技术进步二等奖、何梁何利基金科技进步奖等，并在中国科技大学、北京师范大学、陕西天文台、西安电子科技大学等做兼职教授。

王绶琯最突出的贡献是开拓了中国的射电天文学领域。如今，架设在密云水库旁边的射电干涉仪等重要射电天文观测设备，正是王绶琯二十几年呕心沥血建造的遨游宇宙之"船"。驾驭着它们，中国天文学家便可以捕捉遥远天体发出的无线电波，进入国际宇宙研究的行列。王绶琯开创了中国的射电天文学观测研究领域并进行了深入的研究，是中国现代天体物理学的主要奠基者之一。

1993年，由紫金山天文台发现的一颗国际编号为3171号小行星，被正式命名为"王绶琯星"，以示对这位中国天文学者的尊敬。当年爱观星星的少年，最终"变成了星星"。

普及科学　培养新人

王绶琯院士不仅是一位著名的天文学家，而且也是一位著名的科普教育专家。多年来，他从高中科普做起，到初中，再到各级科普工作者，正在形成一套完整的科普教育体系和具体操作方法。按科普的层次顺序可表达为：全民科普、科技精英层次的科普和管理决策层次的科普。

根据普及的对象和内容，具体操作方法可表述为：全体公民基本科学素质的提高，以广大的初中学生群体的工作为切入点；科技精英后备队的科学素质的培育，以有志于科学的优秀高中学生群体的工作为切入点；各级政府领导层的科学素质的提高，以科技论述和科技信息的沟通和评判为切入点。

他积极致力于青少年科普事业，早在主持北京天文台工作时，就多次在中学、科技馆、天文馆进行讲演、座谈，每年坚持参加或出力协助青少年天文夏令营，编著了一系列受青少年喜爱的科普读物。

王绶琯于1999年发起,并联名60余位中国科学院院士、科技专家倡议组织"北京青少年科技俱乐部",并为俱乐部的发展付出了大量心血。他先后捐款27万元给俱乐部作为活动经费,并自费购书近万元捐给甘肃、青海等偏远地区。他希望有更多的青少年,将来成为"天上的星星"。

　　王绶琯的气质、胸怀、追求,跃然纸上:

>　慷慨当年万鼓鸣,天文设帐几书生。
>　恂恂唯策勤精进,汲汲非关禄利名。
>　桃李无言舒锦绣,风云有意护峥嵘。
>　今朝共进三杯酒,卅载同舟风雨情。

数学天分的充分发挥

(1923—2014)

中国科学院院士、计算机专家夏培肃的故事

现在，人们无论是在生活和工作中的数据分析、高速运算中，还是多媒体运用、电子商务、通信共享……都离不了计算机。当我们欢呼超级机计算机"神威·太湖之光"诞生时，大家一定不会忘记一个人。她就是中国科学院院士，被尊称"中国计算机之母"的夏培肃。

自幼聪慧　笃志救国

1923年7月28日，夏培肃出生于重庆市江津县一个教育世家。她的祖父夏风薰是清朝时期的秀才，从事教育工作40年；

父亲夏鸿儒是清朝末年的举人，曾在江津县办学和办实业；母亲黄孝永师范学校毕业，曾任江津女子小学校长、江津女子中学教员等。幼年的夏培肃却体弱多病，只上了几年小学，大部分功课都是在家里跟着家长和家庭教师学习的。

她自幼聪慧，很早就显露出数学天赋，许多数学难题都难不住她。母亲为年幼的夏培肃打下了良好的古诗文基础，家庭教师为她的数学打下了坚实基础，这对夏培肃的成长功不可没。

1937年夏，14岁的夏培肃考上了私立南渝中学的高中，且数学成绩在全班一直保持第一名。1939年，夏培肃转到位于江津县的国立第九中学学习，身边大多是流亡学生，生活非常艰苦。艰苦的生活以及抗日战争时期日本人所犯下的暴行，让她下定决心学工科，以求工业救国。

高中毕业后，夏培肃考入重庆国立中央大学（1949年更名为南京大学）。在中央大学学习期间，吴大榕教授讲授的交流电路的瞬态分析令夏培肃十分感兴趣，这对她日后研制计算机帮助甚大。

1945年10月，夏培肃又经推荐免试进入交通大学重庆分校电信研究所攻读研究生。

两年后，通过留学考试，夏培肃成为英国爱丁堡大学电机系的博士研究生，研究电路理论、自动控制和非线性常微分方程及其应用,并在1950年7月获英国爱丁堡大学哲学博士学位。

1951年,28岁的夏培肃成为英国爱丁堡大学的博士后,这些经历为她后来从事计算机电路研究和设计工作奠定了坚实的基础。

艰苦创业　不断创新

满怀建设祖国的热情,夏培肃回国后,先后被安排在清华大学电机系电讯网络研究室任助理研究员、副研究员。机会总是青睐有准备的人。1952年,中国科学院数学研究所所长华罗庚提出要在中国研制电子计算机,并在清华大学电机系物色了三位电信和电子学方面的科技人员,而刚回国不久、年仅29岁的夏培肃被华罗庚选中。从此,她成为我国第一个计算机科研小组成员,走上了开拓中国计算技术之路,并与中国计算机事业结下了不解之缘。

在中国电子计算机研究伊始,国内这方面的资料奇缺,当时中国有关计算机的资料非常缺乏,计算机小组甚至找不到一本系统、完整地介绍电子计算机原理的书。当夏培肃他们找到一些有参考价值的文章,需要人手一份时,却不能复制,因为没有复制设备;也不能打字,因为没有英文打字机。于是,他们主要靠自己一个字一个字地抄录。夏培肃和同行们克服重重困难，一边从图书馆的英文期刊中查找计算机方面的文章，一边还托国外的同学帮助查找相关的资料。在掌握了计算机的原理后，他们开始对计算机所需的基本逻辑电路进行实验，初步拟定了中国发展电子计算机的技术路线和轮廓设想。

夏培肃主要偏重计算机的逻辑设计。由于小组还缺乏实验器材，他们就经常背着小包到城里去购买、搜集资料，还委托在美国和英国的一些老同学替她买。艰辛的工作没有白费，计算机小组逐步形成了研制电子管计算机的技术路线。

为了让更多人了解电子计算机，1955年，夏培肃着手编写计算机原理讲义。当时，计算机的一些基本术语和名词都是英文的，她在编写计算机原理讲义时反复推敲，将英文专业术语意译为中文，并在全国沿用至今。

到1958年，最初的科研小组中仅剩下夏培肃还在坚持。她负责研制工作，精心设计了起关键作用的触发器。1960年，我国首台自行设计的通用电子数字计算机——107计算机"诞生"，实现了零突破。

夏培肃不断创新，负责研制了多台高性能计算机。如我国1973年研制出百万次计算机150机，至20世纪70年代末，其数据处理的速度已无法满足用户需要，为此她想提出为150机研制AP阵列处理机，即150-AP，以较低的成本极大地提高主机的运行效率和速度，在国际广受关注。150-AP在大庆油田投入使用，极大地提高了石油勘探的效率。

培养人才　甘为人梯

夏培肃不仅倾心科研，也尽心培养计算机人才。1956年3月，夏培肃创办了一个计算机原理讲习班，并带头编写教材，讲授电子计算机的基本原理。这个讲习班，被认为是中国计算机界的第一个计算机原理讲习班。《计算机学报》、《计算机科学技术学报》、中科院计算技术研究所、中国科学技术大学计算机专业……都有夏培肃的身影。

她心甘情愿地为学生们当人梯。她风趣地说："每一个人都是下一代的人梯。"夏培肃常告诫学生要有思想、要创新，并竭力为优秀青年争取机会，让他们负责重要科研课题，参加国内外有关学术会议。多年来，她参与培养了近800名学生，其中大部分成为我国计算机领域的骨干。

夏培肃将遇见华罗庚视为人生的转折，而对于她的学生们来说，遇见她也成为他们人生中的转折点。

"宽厚的长者，人生的导师"，这是夏培肃的学生、中科院计算所研究员唐志敏对恩师的评价。1985年，唐志敏偶然而幸运地成了夏培肃的学生。30年来，他们是良师益友，唐志敏的第一篇论文、第一次出国都有夏培肃的指导和激励。

为了科学　奉献终生

21世纪初期，量子计算机成为国际热门，但是我国计算机专业人士对物理学概念"量子"并不熟悉。夏培肃阅读了100多篇有关的论文，学习量子力学知识，并写成一篇非常有影响力的深入浅出的综述性文章《量子计算》。

高性能计算机与综合国力紧密相连，夏培肃主张我国生产计算机核心器件，并为此持续努力。她经常思考，"我们科技界，做学问要做到什么境界？"夏培肃没有参与"龙芯"的开发研制，但她为此搜集了不少的资料，包括国外最新的研究资料，并时时鼓励大家创新。她常说："我们国家工业技术不如别人，起点低，不要立足于改进，要立足于创新。"

整个"龙芯"开发组将夏老师作为他们的精神领袖、一面不倒的旗帜。夏培肃教会了他们真正把国家的事当成自己的事，整个研制组形成了一种团队精神，培养了一种文化。而这种精神，正是开发组制胜的法宝。如今，很多学生又成为老师，他们追求的目标，就是做像夏培肃一样的老师。他们希望，能把夏老师的精神、品德没有变味地承传下去。

2014年8月27日，这位"中国计算机之母"、中国著名计算机专家和教育家、计算机研究的先驱和计算机事业的重要奠基人之一、中国科学院计算技术研究所研究员、中国科学院院士的人生落下了帷幕,但夏培肃所留下的印迹仍然灿烂夺目。

我一定要学科学

（1924—1986）

中国科学院院士、核物理学家邓稼先的故事

1999年，国家为"两弹一星"功勋科学家颁发了功勋奖章。可是有两位科学家却是不能够亲自前来领奖的，他们已经为中华民族的强盛、为科学，献出了自己的毕生精力和宝贵的生命。而其中一位，就是核物理学家、中国科学院院士邓稼先。

书香嘉禾　植根华夏

1924年，刚刚开幕的法国奥运会第一次提出了"更高、更快、更强"的口号，东方的中国，国共两党开始了第一次合作，试图让积贫积弱的华夏民族赶上世界的脚步。那一年的6月25日，在安徽省怀宁县白麟坂镇名为"铁砚山房"的世代书香之家，一个男婴呱呱坠地。这个男孩儿后随父母迁居北京，是在文化故都度过了他的童年。他就是邓稼先。

这是植根于中华大地的一株嘉禾，也会秀实成熟于中华大地。古人说，禾之秀实，而在野为"稼"，可见这是一株书香嘉禾。

邓稼先的父亲邓以蛰，是清华大学哲学教授兼北京大学哲学系主任，是一位既接受了中华传统文化的熏陶又接受了西方文化的学者。邓家家庭生活相当富裕，但是母亲操持家务素以勤俭为本，孩子们从小养成了节俭的习惯。从邓稼先儿时起，父亲就教他识字、念书。

小稼先5岁就上了小学。父亲嘱咐他："读书人应有'三不朽'。你知道'三不朽'是什么吗？"

小稼先摇摇头。邓以蛰接着说下去："这'三不朽'，就是要立不朽之德，立不朽之言，立不朽之功。

"先说立不朽之德。一个人上学读书要长知识，更重要的是修养美德。倘若能让自己一辈子的美德一代一代留传给后人，就叫作立不朽之德。

"再说立不朽之言。读书人要虚心学习先人留下来的知识，但是，又不能人云亦云，要有自己的见解和主张，并把正确的见解留传给后代，让后人学习。这就是立不朽之言。

"最后是立不朽之功。一个人读了书，增长了知识，也增长了本领，就要用自己学到的知识和本领为社会做一些好事、益事，为后人造福。此乃立不朽之功也！

"不朽者，永生、永存也。我儿应该将做'三不朽'之人当作自己读书、做人的目标。"

小稼先瞪大了眼睛，聆听父亲这番郑重的话语。虽然他实在听不大明白，但是他知道，父亲是让他好好读书，做一个好人。他冲父亲点一点头，表示记下了。

邓以蛰也感到这些话对一个才5岁的孩子来说，还不大好懂，便笑了笑说："稼先，你现在年纪还小，我给你说的这'三不朽'你也许知之不深，但愿你自幼牢记。你渐渐长大了，也就真正懂得了。"

小稼先再次点点头。

牢记父亲的教诲，成为"三不朽"之人，就成为邓稼先读书做人奋斗的目标，并为此终生身体力行。这段家训，是邓以蛰为其长子邓稼先留下的永恒的精神财富。

邓稼先上小学时，父亲就教他学习英语，而且要求很严。当他上了教会办的北京崇德中学后，英语进步更快。他身上总是揣着英语字典，一有空就读哇、背呀。几年下来，他的英语学得非常扎实，这给后来的深造和工作以极大的帮助。

在数学和物理方面，邓稼先受到当时比他大两岁的同学杨振宁的影响和帮助很大。杨振宁的父亲祖籍安徽合肥，跟邓稼先的父亲既是老乡，又同是留美回国在清华任教，两家的孩子自然亲如兄弟。杨振宁常似大哥哥一样照顾和帮助小弟弟邓稼先。这使邓稼先在数学和物理等课程中的才华在班上崭露头角。

一般人看来，数学是那么缺乏吸引力，但这些抽象的公式、枯燥的习题对邓稼先来说，仿佛有股魔力。他对数学着了迷。每天晚上，他演算数学习题，那样津津有味，简直到了如痴如醉的地步，常常演算到深夜。

当时邓稼先还不知道，数学对他这个未来的物理学家来说，是一个多么重要的工具。扎实、深厚的数学基础，将使一个物理学家如虎添翼。

一次，杨振宁从父亲的书橱里发现一本科学通俗读物《自然哲学的数学原理》。它是根据牛顿的鸿篇巨制，用通俗语言改写成的。在牛顿的原著中，牛顿用力学观点分析了日月星辰的运动，得出了一幅完整的、以物体运动学规律为基础的图景。杨振宁一下子迷上了它。杨振宁告诉邓稼先，这本书像一本神书，便拿来和邓稼先一起阅读。据说，英国科学家哈雷曾根据这本书提供的原理，推算出了一颗彗星的轨道，并预言哪一年将再度出现，结果真的出现了。真是了不起呀！

从一个苹果落地到月亮围绕地球转，再到行星围绕太阳转，不都是由于引力的作用吗！"啊！一个普通苹果却帮助牛顿解决了一个科学上的大难题。"邓稼先看着杨振宁给他的神书，感叹地说。

邓稼先、杨振宁两个人到了一块，不是说及科学问题，就是摇动留声机听贝多芬的《英雄交响曲》等音乐唱片；有时还像练杂技一样拿着水壶盖、茶杯盖等当空竹来抖动，这些小物体旋转、抖动起来一样震动空气，发出"呜儿——呜儿——"的响声。

每逢春节，家家户户都贴对联，放鞭炮。邓稼先和杨振宁则远远地看着小伙伴放"花炮""二踢脚"。邓稼先仰头望着那绽开在空中的烟花，看着，看着……突然"嘭——啪"，一个燃烧过的"二踢脚"掉落在他身旁，他随手捡了起来，仔细看着长长圆圆的"二踢脚"。那有导火索燃烧痕迹的下端，似乎比上端要长一些，而且他发现，下端越长，"炮仗"升得越高。那么，是不是下端装进去足够多的火药，就可以把"二踢脚"崩到彩云当中去呢？"烟花"到底能飞多高呢？邓稼先拿着炸过的"二踢脚"仔细地琢磨着。想啊，想啊……对了，爸爸不是说过，生活中的问题，都会在学习中得到答案，只要勤奋努力，就会解决一个又一个难题。

立志科学　精忠报国

然而，敌寇的炮声轰开了国门，战火烧到了家门。

七七事变后，北平沦陷。日军规定，凡是中国老百姓从日军岗哨路过，都要向日军行鞠躬礼。中学生邓稼先忍受不了这种屈辱，他宁可绕道走，也不去做有损自己人格和尊严的事。

父亲终于决定让已经大学毕业的大女儿邓仲先带着弟弟稼先去昆明。昆明有南迁避难的清华大学、北京大学和南开大学共同组成的西南联合大学，有他们的许多朋友，稼先需要继续上中学、考大学……临行前父亲谆谆叮嘱儿子："稼先，你一定要学科学，科学能够救中国呀！"

"爸爸，是，我一定要学科学！请您放心。"

父亲希望儿子学得一技之长，希望中国富国强兵，不受外敌欺凌。

不满16岁的邓稼先，跟着姐姐长途跋涉来到大后方。他先在四川江津读中学，1941年高中毕业考入昆明的西南联合大学物理系。

西南联大当时校舍简陋，生活和学习条件极为艰苦。40多名学生住一个大宿舍，吃带沙子的米饭，一本好书大家传着看……但是这里集中了全国的知名教授，来这里上学的也多是有志青年，尽管生活条件艰苦，但学风很浓，学术严谨，思想自由。邓稼先在中学时的好朋友杨振宁也在西南联大读书，在学习上常常帮助他。

　　1945年抗日战争胜利，邓稼先也大学毕业了。1946年他回到阔别已久的北平。1948年又考取赴美研究生，只身一人远渡重洋到美国攻读当时物理学最新学科之一的原子核物理。邓稼先以坚实的基础和极大的兴趣与热情，投入了新的学习。

　　1950年8月，邓稼先获得博士学位。这时，他刚满26岁。

　　在多年的刻苦攻读中，父亲的"你一定要学科学，科学能够救中国"的叮嘱，和自己对父亲的回应"是，我一定要学科学！"等话语，时刻响彻耳边，时刻在血脉中涌动，激励着自己，鞭策着自己。

　　就在邓稼先获得博士学位的一个星期后，他谢绝了导师的挽留，放弃了美国优越的生活条件和良好的科研环境，毅然踏上了归途，回到了他日夜思念的祖国。

　　1958年，邓稼先的名字突然在报刊中和朋友们的联络中消失了。他的身影出现在严密警戒的深宅大院与大漠戈壁里，他接受了国家赋予的重任，开始研制"两弹"的工作。1964年10月，原子弹爆炸成功；两年多以后，氢弹爆炸成功。邓稼先用自己的聪明才智，为祖国放响了"大炮仗"。

　　邓稼先为了祖国的强盛，立志科学，精忠报国。在一次次实验中,由于受到核辐射,邓稼先身患直肠癌,于1986年7月29日在北京不幸逝世,年仅62岁。

临终前,邓稼先还和于敏签了中国核武器未来发展的建议书。在"两弹一星"的科学研究、科学试验事业中,邓稼先奉献了他毕生的精力乃至宝贵生命,却为我们留下了永恒的光源。

火箭专家的小故事

（1924—2016）

中国科学院院士、火箭系统控制专家梁思礼的故事

提起梁思礼，大家可能会想到梁思成。梁思成是他的大哥，二哥是梁思永，三兄弟都是中国科学院院士。其他兄弟姐妹也都学有所成，学有专长。

梁思礼是中国的火箭专家。他成绩卓著、荣誉等身，他的名字就是一部传记，这里仅给大家介绍几个鲜为人知的小故事，让我们从中受到启迪。

出身名门　遗教受用

梁思礼，1924年8月24日生于北京，籍贯广东省新会县。

他是维新运动领袖人物之一、近代学者梁启超的第五个儿子，也是最小的孩子。小思礼5岁丧父，由母亲王桂荃女士抚养成人。

但梁启超对小思礼的影响无处不在。他常听家人提起父亲的教诲："我平生对自己做的事，总是津津有味且兴致勃勃，什么悲观哪、厌世啊这种字眼，我的字典里可以说完全没有。凡人必常常活在趣味之中，生活在有价值中，若哭丧着脸挨过几十年，那生命便成为沙漠，要来何用？"

梁思礼成长在追求改革维新的书香之家，虽然父亲不在了，但是爱国的遗教，影响了他的一生。

自打记事，他就一直秉承"少年强，则国强"的理念。从小就学习唐诗，几岁时已经学了十几首。如贺知章的《回乡偶书二首》之"少小离家老大回，乡音无改鬓毛衰……"学了之后还教保姆跟他念，由于自己年龄太小，竟然发生把"鬓毛衰"念成"把猫摔"的笑话。一面念，一面抱着小小猫摔在地上，引起家人们哄堂大笑。

梁启超在给孩子们的信中，经常用大量的笔墨非常细致地形容他的"宝贝"——老白鼻。"老白鼻"是父亲梁启超对他的昵称，由Baby（宝贝）一词音译而来。最有趣的是梁启超有一滑稽作品寄给大女儿梁思顺，用滑稽的话语把梁思礼小时候的神态描写得活灵活现。

五六岁生日时，哥哥姐姐送了他一套贝多芬交响曲作为生日礼物，他最爱第五交响曲《命运交响曲》。这首交响曲伴随他一生，他常在家里从头哼唱到尾。

名校教育　立志爱国

1935年，梁思礼考入天津南开中学，抗日战争爆发后转入耀华中学。他铭记南开中学"允公允能，日新月异"的校训，努力学习，报效国家。日本侵略者1937年7月28日攻占天津，随后对南开大学、南开中学、南开小学进行飞机轰炸、纵火，并对南开大学进行毁灭性的轰击。

就读南开中学的梁思礼，目睹日军飞机在头顶盘旋、扔下炸弹，校舍被夷为平地，心中悲痛万分。南开师生在侵略者面前组织防卫团进行自卫，在敌人的全城封锁下，团结一致，冷静脱险……也正是经历了如此国难，才更加激起他的爱国情怀。

南开中学遭到破坏后，当时耀华中学校长赵天麟为了接收他们这些失学的学子入校，被日军卑鄙暗杀。这更是激起了莘莘学子勿忘国耻、心怀祖国、报效祖国，并时刻做好准备，为了人民奉献一切的决心。后来，梁思礼辗转来到大后方，继续在重庆南开中学读书。南开中学把7月30日定为"校耻日"，以此让学生们永远记住当年日寇对校园的轰炸，从而激发大家爱国、爱和平的激情与信念。

留学美国　勤工俭学

1941年高中毕业后，梁思礼随三姐梁思懿赴美留学。1943年，梁思礼申请获得美国租借法案中对留美中国学生的生活津贴，于是转入普渡大学电机工程系主修无线电专业，以后又学自动控制，曾获得多个荣誉学会的"金钥匙"。

日军偷袭珍珠港事件爆发后，美国对日宣战。战争使梁思礼失去与家庭的联系和经济来源，因此大学生活相当清苦。他曾利用课余时间到餐馆洗碗、当侍者，到游泳场担任游泳救生员，到实验室当实验员等，以挣得微薄工资，补贴生活。

在普渡大学期间，梁思礼仅用两年的时间就修完三年的课程，并于1945年取得了该校的学士学位。随后，他又获得了辛辛那提大学的硕士和博士学位。

1949年，梁思礼获辛辛那提大学博士学位后，得知中华人民共和国成立的消息。他放弃美国无线电公司的高薪邀请，毅然回国投入祖国建设中。

"父亲对我的直接影响较少，但爱国这一课，我不曾落下半节。"梁思礼曾说，从父亲的求学资料里，他知道了欧洲文艺复兴，知道了达·芬奇，知道了拉斐尔。他从父亲那继承的最宝贵的遗产，就是爱国。

多才多艺　兴趣广泛

梁思礼性格爽朗乐观，用他自己的话来说："我与父亲一样，崇尚趣味主义。父亲常说，若哭丧着脸挨过几十年，那生命便成为沙漠，要来何用？"

他的业余爱好也与他在事业上的辉煌成就一样交相辉映。时间追溯到1941年，到美国留学的梁思礼还是意气风发的少年。他热爱美式橄榄球，还考取了游泳救生员证书，还是普渡大学古典式摔跤队队员，并曾获得美国中部大学联赛摔跤冠军。梁思礼对篮球也很痴迷，只要有球赛，他总要挤出时间去看，他还可以滔滔不绝地说出乔丹、奥尼尔等球星的名字。

对体育的爱好也几乎贯穿了他的大半生。1949年回国后，他曾横渡颐和园的昆明湖。耄耋之年，游泳体力跟不上的梁思礼，发明了"水母式"泳姿——长时间漂在水面上。

对于音乐、摄影和旅游，梁思礼也很喜爱，但最爱的要数下象棋了。每次院士们开会，他定要与黄纬禄等老总们一比高下。后来梁思礼迷上了与计算机下象棋，一有空，便上机厮杀几盘，真似"垂头自惜千金骨，伏枥仍存万里心"。作为中国第一代"驯火人"——火箭自动控制专家,梁思礼晚年依然活跃在航天科技战线上。

"驯火人"的"三严作风"

1949年回国后,梁思礼曾任国际宇航联合会副主席。作为我国著名的导弹和火箭控制系统专家,梁思礼参与了中国航天历史上的诸多"首次"。

1960年,"东风一号"仿制成功后,梁思礼受命着手中近程地对地导弹的设计和试验任务。1962年3月21日,"东风二号"点火发射,而最终因导弹产生横向弹性振动和发动机管道起火,导致发射失败。

"导弹冒着白烟,摇摆不定,爆炸于发射阵地前300米的地方。"梁思礼反复提及这次发射,他将自己的"驯火史"总结为"失败者之书":1967年,首批"东风二号"战斗弹抽检三发考核飞行试验,其中两发发射后连翻几个跟头落地;1974年,"长征二号"发射返回式卫星失败,原因是稳定系统的速率陀螺的输出电缆中断了一根导线……

正是无数次的失败,让梁思礼开创了"航天可靠性工程学"。

2006年,长征二号丙运载火箭创造了16次发射全部成功的纪录。梁思礼自始至终参与了长征二号系列火箭的研制工作，他所开创的学科也成为火箭安全飞行的坚实保障。

一次院士们开会，他说："我讲两个小故事，你们就可以看出为什么要执行'三严作风'。

"记得在一次导弹总装中，有一颗脱落插头里的小钢球不见了，为了不让导弹带着多余物上天，全体总装测试人员，甚至包括在场的总设计师和主任设计师都趴在大总装厂房里到处寻找，最后终于在铁轨缝里找到了，这件事才算了结。另一件事是在测试中发现笔录仪上出现了一个不应该有的'毛刺'干扰，而且时有时无。大家为了查清原因，'守株待兔'等了好几个小时，最后发现是相邻车间用电载荷瞬间突变所致，这样我们才放下心来。

"导弹研制是非常复杂的大系统工程，包含若干个分系统和成千上万的零、部、组件，无论哪一个零件出了问题都会使导弹掉下来。我们也出现过一根导线断了就毁了一枚火箭或一颗卫星的事故，在试验事故中不止一次死伤过人，这都是惨痛的教训。"

1980年梁思礼到七机部运载火箭研究院任副院长，进一步狠抓了导弹研制的质量和可靠性工作。"吃一堑，长一智"，经过多年的学习、总结，其质量和可靠性工作有了很大的提高。

神舟五号载人飞船，圆了中国人飞天的梦想。而作为参与神五飞天工程的火箭控制系统专家梁思礼院士，则是圆了父亲梁启超的科技梦。

梁启超生前在给子女的一封信中提到，自己的孩子没有一个从事科技方面的研究，这是他的一个遗憾。其实，梁启超的孩子中出了三位院士，长子梁思成是建筑大师，次子梁思永是考古专家，最小的儿子是梁思礼，可谓人才辈出。他们都为祖国的科学事业奉献终生。

2016年4月14日10时52分，中国航天事业奠基人之一、中国科学院院士、国际宇航科学院院士梁思礼在北京逝世，享年92岁。斯人虽逝，精神永存。

造核潜艇　建核电站

（1925—）

中国工程院院士、核动力专家彭士禄的故事

当我们看到一艘艘军舰、航空母舰下海服役，游弋在海面，保卫着海疆时，你可曾知道还有一种舰艇游弋在海水下面，保卫着我们的领海，保卫着祖国的安全。它就是核潜艇。

请看我国第一艘核潜艇设计师、中国工程院资深院士、核动力专家彭士禄的故事。

先烈遗孤　苦难童年

彭士禄，1925年11月18日出生，广东省海丰人。父亲彭湃曾留学日本早稻田大学，出身地主，早年参加革命。1928年，彭士禄3岁时,母亲蔡素屏牺牲。第二年,彭士禄4岁时,父亲在上海就义。从此,彭士禄成为孤儿。

残酷的反动派要斩草除根。乡亲们把彭士禄东掩西藏,在爱国人士的协助下甚至曾把他送到我国的香港和澳门。

6岁时,彭士禄被转移到了潮安,在革命群众家里寄养,准备寻找机会转送中央苏区——瑞金。

彭士禄的童年时期,真是吃百家饭,穿百家衣,姓百家姓。在潮安,彭士禄两三个星期就换一个家,先后被20多户人家收养过。最后,他被送到红军队长陈永俊(后牺牲)家,由其母亲潘舜贞抚养。在这里,彭士禄一住一年多,是收养时间最长的一家,直到1933年7月被叛徒出卖,和潘姑妈一起被捕为止。岁月峥嵘,骨肉情深,潘姑妈家里很穷,以绣花为生。彭士禄记忆犹新:"只有过年时,才有鹅肉吃。姑妈叫我吃肉,却叫她7岁的亲生女儿啃骨头。"

小士禄也很懂事,有了好吃的,一定要和小姐姐分着吃。潘姑妈坐了4年牢,彭士禄也先后被关押在潮安监狱和汕头石炮台监狱等处。

直到1936年,祖母周凤费尽周折才找到他,并设法把他认领出狱,想方设法辗转港澳,供他读书。祖母周凤,支持彭湃和海陆丰农民革命运动,她的儿子、孙子中有6个是革命烈士,解放后政府供养她,"文革"浩劫中曾受到迫害,1973年逝世。

1940年，由周恩来总理安排，彭士禄辗转重庆，到达延安，从此开始了新生活。

学习本领　报效报国

彭士禄来到革命圣地延安后，在延安中学他学习刻苦，劳动积极，成为模范生。1942年，中央医院从学校调一批人当护士，彭士禄自告奋勇报了名。他每天给伤员病号端屎端尿，洗衣喂饭，不怕脏、不怕累，很快获得了模范护士的光荣称号。

后来，他进入延安青年干部学院就学，1946年在河北宣化炼焦厂、石家庄炼焦厂任技术员，1949年在哈尔滨工业大学学习。

1951年，彭士禄被选派留学苏联，先后在莫斯科动力学院等几个学校就读，均取得优异成绩。为报效祖国、学习本领，留学时他从未在晚上12点前就寝过。要学的东西太多太多了！当时，苏联教授每教一节课，中方要另付80卢布的报酬。

"80卢布哇！"彭老后来回忆时，动情地用潮汕话说，"这是老阿妈用血汗钱叫儿崽上洋学堂呃，我们能不努力么！"

1956年在莫斯科化工机械学院，彭士禄以全优成绩毕业，获优秀化工机械工程师证书。时值陈赓将军访苏，要挑选少数学生攻读核动力专业，彭士禄被选中，又在莫斯科动力学院进修核动力专业2年。1958年4月，彭士禄以优异成绩学成回国，被分到北京原子能研究所工作。

精心设计　造核潜艇

1958年底，中国组建了核动力潜艇工程项目，开始核动力装置预研。苏联以技术复杂、中国不具备条件为由，拒绝为研制核潜艇提供援助。

国家领导人豪迈地提出："核潜艇，一万年也要搞出来！""一万年太久，只争朝夕！"

彭士禄和他的同事们深受鼓舞，决心自力更生、艰苦奋斗，尽早将核潜艇研制出来。成功之路是那样崎岖、曲折——核科学人才奇缺，核潜艇资料空白；接着，又是三年困难时期。1962年，中央决定集中力量搞原子弹、导弹，核潜艇项目下马，只保留一个50多人的核动力研究室。

这时的彭士禄已是核动力研究室副主任，负责全面工作。该室大多数人员都是刚毕业的大学生，所学专业基本都不姓"核"。于是，彭士禄和几位留苏的同事当起老师，给他们开了核反应堆物理等5门专业课。

两年后，这几十个外行全部成了核动力尖兵。

困难时期，这些核动力尖兵们都是吃着窝窝头搞核潜艇，有时甚至连窝窝头都吃不饱。粮食不够，就挖野菜、白菜根来吃。研究室每人每月的办公费才5块钱，其中还包括出差费、笔墨纸张费。那时没有电脑，就拉计算尺、打算盘，那么多的数据，就是这样没日没夜算出来的。

条件艰苦卓绝，但全室士气高昂。彭士禄亲自主持了潜艇核动力装置的论证、主要设备的前期开发以及核动力装置的扩初和施工设计，亲自建立了核动力装置静态和动态主参数的简易快速计算法，解决了核燃料元件结构型式和控制棒组合型式等重大技术关键。

1964年10月16日，中国第一颗原子弹成功爆炸。1965年3月，搁置多时的核潜艇项目重新启动。一声令下，打起背包就走，彭士禄告别北京的妻子儿女，只身入川，参与筹建中国第一座潜艇核动力装置陆上模式堆试验基地。

1970年7月18日，由基地副总工程师彭士禄主持建造的1∶1核潜艇陆上模式堆启动试验。反应堆主机达到满功率指标，试验取得了圆满成功，为核动力装置一次性成功运用于潜艇起到决定性的借鉴作用。同年，中国第一艘攻击型核潜艇下水了！依靠自己的力量，只用了6年时间，中国就造出了第一艘核潜艇，继美、苏、英、法之后，中国成为第五个拥有核潜艇的国家。

"可上九天揽月，可下五洋捉鳖，谈笑凯歌还。"与"两弹一星"一样，核潜艇的成功研制，长了中国人的志气，极大地鼓舞了中国人民的自信心和民族自豪感。

彭士禄被誉为"中国核潜艇之父"。

奋力拼搏　建核电站

作为科技人员，大家只知道，国家交给你的尖端工程，就是不睡觉，也要按时保质完成任务。1973年起，彭士禄出任中国舰船研究设计院副院长，随后任造船工业部副部长兼总工程师、国防科委核潜艇第一位总设计师。期间，他指导和协调解决了核潜艇研制、生产中的许多重大技术问题，包括后续艇的研制、生产。他还要为祖国生产新的清洁能源。

20世纪80年代初，彭士禄从军工转入民用领域。他先后被任命为水电部副部长兼总工程师、广东大亚湾核电站总指挥、国防科工委核潜艇技术顾问，核工业部总工程师兼科技委第二主任、核电秦山二期核电站首任董事长，现任中国核工业集团公司顾问、中国核学会名誉理事长、中国核动力学会名誉理事长。

在任秦山二期董事长期间，他提出"以我为主、中外合作"的方针建设核电站。他说，干什么工作都要"争当模范"，干一行爱一行，责任心一定要强，必须专心致志做好本职工作。彭士禄说到做到。

中国秦山一期核电项目，究竟走哪种核反应堆的技术路线？熔盐堆和压水堆两套方案成为争论的焦点。最终，在彭士禄的大力支持下，中国首台核电机组选择了后者，为以后中国核电走"以压水堆为主的技术路线"起到了关键作用。

改革开放后，中国又启动了大亚湾核电项目，彭士禄任总指挥。回首当时的建设经历，彭士禄说自己学到了三点：一是懂得了一些经济，很早就提出了"时间就是金钱"的概念；二是验算了法国核电的主要参数；三是学到了一点管理学——这对今后中国核电项目管理具有重要的借鉴意义。

如今，这位应该颐养天年的老人，依然关心着祖国的核事业，而最关心的是培养年轻人。他说，新技术发展快，年轻人思想活跃，要放手让他们干。

大手攥小手　紧紧握拳头
（代后记）

很高兴，《璀璨星辰丛书——科学家的故事》就要和大家见面了。

人类的文明和进步离不开科学的发明和发现，离不开科学技术的进步。古今中外，众多的科学家、发明家就如天空中灿烂的星辰，光芒永存。而发明和发现的萌芽，其实源于青少年时代的勤奋和好奇。

现以其中一篇科学家的故事标题作为后记的题目，有两层意思：一是我们把科学家的手比作大手，每个小读者的手是小手；二是我的老师的手是大手，我的手是小手。

首先，每位科学家的精神、品德、奋斗经历都是我们学习的榜样，我们要紧紧拉住科学家的大手，紧紧握住自己的拳头，奋发图强，努力学习，不断进取，早日成为祖国建设的有用人才。这也是我写这部书的初心。

其次，我的每一部作品，都得到了我的老师、中国著名儿童文学理论家蒋风教授的悉心指导。从接触儿童文学专业那一天起，我就开始学习创作，第一本书——《绿色家园科学童话》，就是经过了老师手把手地教，实现了科学和文学相融合：科学知识必须准确，不得有误；文学方面文字要生动活泼，必须增强趣味性，不能出现"知识硬块"。第二本书——《弹拨月亮琴》，也是如此。而我，更欣慰于老师为这两本书作序。第三、第四本书——《神秘的水晶球》《给妈妈过生日》，又由老师亲自作跋……老师的大手始终紧紧地拉着我的小手，我紧紧地握着拳头，奋发努力。一直到《红海棠丛书——沈芬科学童话集萃》，老师又亲笔题词："似真却幻，似幻却真。知而获智，智达高远。"这些作品，有的获冰心儿童图书奖，有的被评为全国优秀科普作品，有的收入冀教版语文教材，但无疑，这里面都浸透着老师的心血。榜样的力量是无穷的，蒋风教授就是我的榜样。每位科学家，也都是我的榜样。

借这套丛书的面世，我可以告诉大家：第一，每个故事都具有真实性，都是真人真事；第二，每个故事都具有科学性，涉及的科学原理、公式、科学数据等，都准确无误；第三，每个故事都具有可读性，语言生动活泼、有趣味。

这部丛书又是由我的老师蒋风教授亲自作序——《榜样的力量》，告诉大家如何更具体地向科学家学习。我们希望，大家在读每一位科学家的故事时，就如同跟科学家见面一样，要紧紧握住科学家的大手，攥紧自己的拳头，以科学家为榜样，脚踏实地、一点一滴地向科学家学习。而在不久的将来，你们一定能够成为这些科学家的接班人，为祖国的强盛、为人民的幸福、为实现中华民族的伟大复兴，奉献自己的青春和智慧。

在此由衷地感恩父母、师长、家人和亲朋好友，感谢大自然，同时感谢河北教育报刊社和石家庄铁路运输学校的领导与同人多年来的支持与帮助，尤其感谢河北教育出版社的领导和编辑们的辛勤付出。祈盼读者批评指正。

沈 芬
2020年2月20日